Andriantsiresy Nirina Rajaonarivony

L'aventure avec Dieu continue... Vivre pour servir

Andriantsiresy Nirina Rajaonarivony

L'aventure avec Dieu continue... Vivre pour servir

Nous savons, que toutes choses concourent au bien de ceux qui aiment Dieu, de ceux qui sont appelés selon son plan

Éditions Croix du Salut

Impressum / Mentions légales
Bibliografische Information der Deutschen Nationalbibliothek: Die Deutsche Nationalbibliothek verzeichnet diese Publikation in der Deutschen Nationalbibliografie; detaillierte bibliografische Daten sind im Internet über http://dnb.d-nb.de abrufbar.
Alle in diesem Buch genannten Marken und Produktnamen unterliegen warenzeichen-, marken- oder patentrechtlichem Schutz bzw. sind Warenzeichen oder eingetragene Warenzeichen der jeweiligen Inhaber. Die Wiedergabe von Marken, Produktnamen, Gebrauchsnamen, Handelsnamen, Warenbezeichnungen u.s.w. in diesem Werk berechtigt auch ohne besondere Kennzeichnung nicht zu der Annahme, dass solche Namen im Sinne der Warenzeichen- und Markenschutzgesetzgebung als frei zu betrachten wären und daher von jedermann benutzt werden dürften.

Information bibliographique publiée par la Deutsche Nationalbibliothek: La Deutsche Nationalbibliothek inscrit cette publication à la Deutsche Nationalbibliografie; des données bibliographiques détaillées sont disponibles sur internet à l'adresse http://dnb.d-nb.de.
Toutes marques et noms de produits mentionnés dans ce livre demeurent sous la protection des marques, des marques déposées et des brevets, et sont des marques ou des marques déposées de leurs détenteurs respectifs. L'utilisation des marques, noms de produits, noms communs, noms commerciaux, descriptions de produits, etc, même sans qu'ils soient mentionnés de façon particulière dans ce livre ne signifie en aucune façon que ces noms peuvent être utilisés sans restriction à l'égard de la législation pour la protection des marques et des marques déposées et pourraient donc être utilisés par quiconque.

Coverbild / Photo de couverture: www.ingimage.com

Verlag / Editeur:
Éditions Croix du Salut
ist ein Imprint der / est une marque déposée de
AV Akademikerverlag GmbH & Co. KG
Heinrich-Böcking-Str. 6-8, 66121 Saarbrücken, Deutschland / Allemagne
Email: info@editions-croix.com

Herstellung: siehe letzte Seite /
Impression: voir la dernière page
ISBN: 978-3-8416-9845-2

Copyright / Droit d'auteur © 2012 AV Akademikerverlag GmbH & Co. KG
Alle Rechte vorbehalten. / Tous droits réservés. Saarbrücken 2012

L'AVENTURE AVEC DIEU CONTINUE... VIVRE POUR SERVIR

INTRODUCTION

A la suite de mon accident de voiture du 12 février 2002, j'ai décidé de mettre par écrit mon témoignage, surtout après une conversation avec un ami, qui m'avait même conseillé d'écrire un livre, quand bien même je n'aurais pas la fibre littéraire. J'ai accepté de donner mon témoignage, et de parler surtout de tout ce que le Seigneur a fait pour moi. D'emblée je peux dire qu'Il a conduit ma vie, qu'il m'a protégé et m'a accompagné jusqu'à maintenant et surtout après cet accident. Je suis persuadé que beaucoup de gens devraient entendre ce que le Seigneur a fait pour moi et que par conséquent il est capable de faire pour eux. Il m'a amené à lui. ; c'est Lui qui a préservé ma vie, qui a conservé ma vie sur cette terre, il a épargné ma vie suite à cet accident. Je suis persuadé qu'il avait ses raisons.

Puisque je suis à l'hôpital maintenant où j'ai cinq heures, cinq heures et demi de rééducation par jour, je prends le temps de mettre tout sur cassette audio. Au début je voulais moi-même mettre par écrit le contenu des cassettes. J'ai essayé de le faire mais comme le temps me manque, j'ai décidé de confier ces cassettes à qui de m'aidera à mettre leur contenu par écrit. Peut être qu'après relecture, je ferai des corrections, ou je rajouterait ou bien enlèverait certaines choses. Donc, je remercie d'avance la personne ou, les personnes qui vont m'aider pour la réalisation de ce livre.

Je n'en ai pas encore choisi le titre, mais j'ai déjà plusieurs idées : j'ai pensé à un titre comme " le voyage tant préparé " ou " la rencontre tant espérée ". Je verrai par la suite ce que je choisirai comme titre définitif.

Donc, avant de commencer, avant de raconter, je voudrais partager avec le lecteur quelques versets bibliques que j'aimerais prendre comme thème pour ce témoignage.

Ce texte se trouve dans l'épître aux Romains chapitre 8 verset 28 :

*" **Nous savons que Dieu travaille en tout pour le bien de ceux qu'il aime, et ceux qu'il a appelés selon son plan** ".*

J'ai choisi ce texte, parce qu'il nous montre que notre vie est entre les mains de Dieu et que tout ce qui se passe dans notre vie n'échappe pas à Dieu. Et je suis sûr que tout ce que j'ai vécu avant ma conversion et après ma conversion et jusqu'à maintenant a été guidé par Dieu. Dieu a préparé ma route, pour que j'apprenne qu'il est le maître de ma vie et c'est une des raisons qui me pressent à partager mon témoignage, à raconter tout ce qu'il a fait pour moi, dans ma vie.

Il me semble qu'il est plus agréable pour les lecteurs de savoir un peu de mon histoire et surtout les étapes que j'ai franchies avec le Seigneur avant d'entrer dans le vif de mon sujet.

Table des Matières

L'enfance, la famille et les témoins de Jéhovah..5
L'adolescence..7
La rencontre avec le SEIGNEUR...8
L'appel du Seigneur et le premier engagement..13
La formation théologique à la Faculté Libre de Théologie Evangélique de Vaux-sur-Seine......17
La fréquentation de la Communauté Roumaine à Paris..22
La rencontre avec mon ami Dusan...23
La correspondance entre Dusan et moi-même durant mon séjour parisien........................26
Le retour à Toulouse en 1998-2000...28
La préparation du départ..31
La "Surprise" mortelle..34
Enfin... le secours arrive..37
Le réveil à l'Hôpital...39
Le transfert vers Toulouse..42
Le début de la rééducation..50
Le premier retour en fin de semaine à la maison...52
Le rythme de la rééducation et l'évolution de mon état......................................56
Et neuf mois après... comme une naissance...59
Et la vie continue..59
Témoignage de Régine ZARIN..62

CHAPITRE I

L'enfance, la famille et les témoins de Jéhovah

Je m'appelle Nirina, mon prénom est l'équivalent de Désiré en français. Ce prénom est un prénom plus féminin que masculin, mais c'est celui que ma mère m'a donné. Comme en français il y a Désirée pour les filles et Désiré pour les garçons. A Madagascar il y a moins de garçons que de filles qui portent ce prénom. Mon nom c'est RAJAONARIVONY. C'est le nom de mon père. Et mon premier prénom c'est ANDRIANTSIRESY... Mais dans la famille tout le monde m'appelle TSIRESY... ce qui est l'équivalent de " invincible " ou " imbattable " en français.

Je suis issu d'une famille de quatre enfants dont je suis l'ainé. J'ai deux sœurs et un frère, mon père n'est pas encore chrétien et ma mère fréquentait la communauté des témoins de Jéhovah. Pendant mon enfance, mon père et ma mère n'étaient pas tout le temps ensemble; ils ont fini par se séparer. J'ai donc vécu dans une famille séparée, brisée. Je n'ai pas beaucoup connu l'affection de mon père. Ma mère travaillait, elle était tout le temps absente. Il était très rare qu'elle soit avec nous à cause de son travail. Donc nous avons vécu avec nos grands parents et quand j'étais enfant je connaissais mes grands parents, mes tantes et mes oncles plus que mes parents.

Avec mes grands parents, tous les jeudis soirs, on consacrait un temps à la lecture et à l'étude de la Bible. Ainsi la connaissance de la Bible n'est pas nouvelle pour moi, car j'assistais régulièrement à ces études bibliques. Et les samedis ou les dimanches on allait à la salle du royaume (l'endroit où les témoins de Jéhovah se réunissent). On écoutait la parole de Dieu. Ainsi, pendant plusieurs années, depuis l'âge de 6 ou 7 ans jusqu'à l'âge de 12 ou

13 ans, j'étais avec mes grands parents. Je vivais avec eux et j'étudiais également la Bible.

Ainsi je connaissais tout (ou presque) de la Bible mais telle qu'elle était enseignée dans le milieu des témoins de Jéhovah, donc mes connaissances de la personne de Jésus-Christ se limitaient à sa personne seule. On ne m'a jamais enseigné Jésus-Christ en tant que SAUVEUR, mort sur la croix pour moi, pour mes péchés puis RESSUSCITE pour me justifier devant Dieu. En effet enfant et adolescent je ne me suis jamais posé la question " alors moi et mon salut vis-à-vis de Dieu… ai-je besoin du salut car je suis un pécheur, est-ce que c'est nécessaire ? "

Je respectais la Bible, la parole de Dieu; mais en ce qui concerne le salut, ma relation personnelle avec Dieu, je n'ai jamais pensé prendre une décision personnelle pour cela. J'étais dans un milieu ou on connaissait la Bible , ou on l'étudiait, sans parler vraiment du point central de l'évangile, à savoir que Jésus-Christ est mort pour nous, qu'il est venu sur terre pour nous sauver, pour nous réconcilier avec Lui. On parlait davantage des interdictions, de la loi…parce que pour les témoins de Jéhovah il y a beaucoup d'interdictions, il ne faut pas faire çi ou ça. Aussi on se surveille (on s'espionne même) les uns les autres. J'ai donc vécu dans ce milieu-là. J'ai vu mes grands parents, mes oncles et mes tantes faire pas mal de porte à porte, pour parler de Jésus, pour accomplir beaucoup d'œuvres pour "être à peu près sûrs" de leur relation avec Dieu. Mais on ne parlait jamais de l'assurance du salut que seul Jésus-Christ donne.

L'adolescence

Comme tous les enfants, je suis allé à l'école primaire puis à l'école secondaire, puis au lycée. J'ai donc quitté la campagne où mes grands parents habitaient et je suis allé en ville avec mes sœurs et mon frère, pour pouvoir continuer mes études.

Comme tous les adolescents, j'ai vécu des moments où nous fréquentions les jeunes filles comme tout le monde. Je suis sorti avec des amis, j'ai goûté à la cigarette, à l'alcool, mais, à la maison j'étais très discret, je ne montrais pas à tout le monde ce que je faisais. Quelques fois j'agissais par imitation ou pour faire plaisir aux copains, car si on ne faisait pas comme eux on était exclu du groupe. Je me comportais de façon très correcte et ma mère voyait cela. Je me comportais de façon sensiblement différente à l'école, dans la rue, avec les copains et les copines. Mais j'avais quand même un style de vie sérieux.

Mon père était technicien en bâtiment. Son travail consiste à la construction de maisons, de ponts. Il a travaillé pratiquement dans tous les endroits de Madagascar. Il voyageait beaucoup jusque dans l'Ile de la Réunion et les Iles de Comores. A un moment donné toute la famille a décidé de suivre mon père qui est parti travailler dans une petite île à côté de Madagascar, à savoir l'île de NOSY BE. A ce moment-là ma mère travaillait; elle travaillait tout le temps parce c'était elle qui travaillait pour nous nourrir. Elle donnait de l'argent soit à mes grands parents, soit à mon oncle soit à mes tantes pour nous. Puis ma mère a décidé de suivre mon père qui partait travailler à NOSY BE, une petite île à côté de Madagascar. C'est donc là-bas que j'ai commencé mes années de collège. Nous avons vécu quatre années à NOSY BE, puis nous sommes retournés à ANTANANARIVO.

La rencontre avec le SEIGNEUR

Et c'est là que j'ai rencontré mon cousin. Ce dernier fréquentait à l'époque une église protestante baptiste (FBBM). Et je peux dire que c'est à partir de ce moment-là que ma rencontre avec le SEIGNEUR a vraiment commencé ou plus exactement que le Seigneur m'a rencontré.

Ainsi que je l'ai dit auparavant, à cause du travail de mon père, nous étions dans les provinces, dans plusieurs endroits, et en 1986 nous sommes retournés à ANTANANARIVO.

C'est un samedi à un arrêt de bus que j'ai rencontré un de mes cousins germains. Cela faisait longtemps que je l'avais perdu de vue. A l'époque où je l'avais connu, c'était un garçon qui aimait la vie, qui jouait avec des voitures, qui avait le comportement de tous les jeunes non chrétiens, il était révolté contre la société.

Lorsque je l'ai rencontré, j'ai été très étonné, car il était calme, il avait un petit sac en cuir et quand il m'a vu il m'a interpellé et m'a dit " alors tu vas bien, est-ce que vous êtes de nouveau à la capitale ? ". Je lui ai raconté un petit peu nos déménagements et lui ai confirmé notre installation de nouveau dans la capitale. Nous avons discuté pendant un petit moment, et dans la discussion j'ai entendu qu'il utilisait un style différent de son style habituel, à savoir un langage de conversation auquel j'étais habitué chez les chrétiens. A un moment donné il m'a posé la question : " est-ce que tu vas à l'église ? " J'ai répondu que ma mère était témoin de Jéhovah, et que là où nous habitions, il y avait des témoins de Jéhovah qui venaient chez nous le samedi. Ils venaient nous enseigner la lecture biblique. Il m'a répondu " je te pose la question, car moi aussi je suis chrétien ".

A ce moment-là, à Madagascar il y avait un mouvement de jeunes pentecôtistes, qui avaient quitté leurs familles, leurs études et annonçaient l'évangile dans la rue de la capitale. C'était un mouvement qui avait gagné beaucoup de jeunes à l'époque. Dans ma tête, j'ai pensé que peut-être mon cousin, faisait partie de ce mouvement. A Madagascar, ce mouvement était considéré comme une secte, et l'état Malgache avait même promulgué une loi pour supprimer ce mouvement. J'ai pensé qu'il faisait partie de cette secte. Il m'a dit, " si tu veux je peux venir chez toi samedi et ainsi je pourrais rencontrer les témoins de Jéhovah et on va discuter ensemble à propos de la parole de Dieu ensemble " J'ai répondu " bon je suis d'accord tu peux venir chez moi et comme ça en même temps tu pourras discuter avec eux ". Donc je suis rentré chez moi, et je n'ai rien dit à personne de cette rencontre et le samedi suivant j'ai dit à ma mère et ma sœur que j'avais rencontré mon cousin et qu'il allait passer aujourd'hui, mais que moi je devais sortir avec mes copains et que je ne pouvais pas rester à la maison, mais que s'il venait on lui dise que " NIRINA avait peut-être oublié qu'il allait venir". Je suis donc parti et il est arrivé à la maison et il a discuté avec ma mère et ma sœur. Lorsque je suis rentré le soir, ma sœur m'a dit " oui notre cousin est venu, mais les témoins de Jéhovah ne sont pas venus. J'ai dit " tiens, c'est la première fois qu'ils ne viennent pas, c'est bizarre, je ne sais pas pourquoi " Et ma sœur m'a dit " tu sais, il va encore revenir samedi prochain, il veut que tu restes, car il a envie de discuter avec nous, et de parler de la Bible " J'ai répondu à ma sœur : " bon, on verra ça ". Le samedi suivant, je ne sais pas, je n'avais pas de programme avec les copains, je suis donc resté à la maison et les témoins de Jéhovah, de nouveau, ne sont pas revenus encore une fois ce samedi-là. Donc mon cousin est venu et nous avons discuté ensemble. Il nous a proposé de consulter la parole de Dieu ensemble. Comme je l'ai dit au début, je connaissais la parole de Dieu. Il nous a proposé, pour commencer notre étude, de lire avec lui l'évangile de JEAN. Je souligne que l'évangile de

JEAN pose beaucoup de "problèmes" d'interprétation pour les témoins de Jéhovah car c'est l'évangile qui démontre davantage la divinité de Jésus-Christ. Comme ils ne croient pas ou plus précisément n'acceptent pas la divinité de Jésus-Christ ils ont une "traduction" spéciale à eux. Par exemple quand l'apôtre Jean affirme que "la Parole était avec Dieu et la Parole était auprès de Dieu et la Parole était Dieu". Les témoins de Jéhovah n'acceptent pas que la Parole qui est le Christ soit Dieu. Pour eux, Christ est le fils de Dieu c'est-à-dire un peu plus bas que Dieu. Il n'est pas au même niveau ou même "grade" que Dieu. Si nous prenons la hiérarchie : il y a Dieu, Jéhovah, le Dieu unique, le Créateur du monde, le vrai, et Jésus-Christ son fils que Dieu a envoyé, qui est moins que lui. Donc ce soir-là mon cousin nous a lu le chapitre 1er de l'évangile de Jean et à partir de cela il nous a expliqué la divinité de Jésus. Pour moi personnellement c'était la première fois que j'ai écouté sans résister, sans critiquer (surtout sur ce passage qui parle de la divinité de Jésus) et c'était clair pour moi, car il a bien expliqué, que Jésus est Dieu car s'il n'était pas Dieu il ne pouvait pas venir sur terre et il ne peut pas nous sauver car seulement Dieu a le pouvoir de nous sauver. Il nous a bien expliqué l'Evangile, la Bonne Nouvelle de Jésus-Christ, qu'il est mort sur la croix pour nous et qu'en croyant en lui nous pouvons avoir la vie éternelle. Et la première question que je lui ai posée, comme le gardien de prison a également fait avec Paul et Silas: « qu'est-ce que je dois faire alors ? Est-ce que si je crois en Jésus-Christ je peux être sauvé ? » Je précise que avec les témoins de Jéhovah quand j'étais avec mes grands-parents je n'ai jamais entendu parler de cette Bonne Nouvelle. On ne m'a jamais dit qu'en croyant en Jésus-Christ je peux avoir la vie éternelle et je peux avoir une relation personnelle avec Dieu. Il m'a lu un verset de la Bible qui dit "si tu crois avec ta bouche, si tu affirmes avec ta bouche que Jésus est Seigneur, ton Sauveur, tu seras sauvé". Donc je lui ai dit que si « seulement » en disant cette affirmation je vais croire en Jésus. J'ai dit devant lui : "Je crois en

Jésus-Christ et je l'accepte comme mon Seigneur et mon Sauveur personnel". Pour moi c'est à ce moment-là que le Saint Esprit m' a vraiment éclairé parce que c'était la première fois que tout était clair et net pour moi en ce qui concerne la Bonne Nouvelle. J'ai pris la décision à ce moment, avec l'aide de l'Esprit de Dieu, de prendre Jésus-Christ comme mon Seigneur et mon Sauveur. A mon avis Dieu m'avait déjà préparé dans la connaissance de sa Parole mais je n'avais pas encore l'assurance de mon salut je n'étais pas encore vraiment "né de nouveau' 'C'était à ce moment précis que Dieu m'a éclairé, il a ouvert mon cœur, le Saint Esprit a travaillé en moi. J'ai décidé de donner ma vie à Jésus-Christ. A partir de ce soir-là mon cousin est venu tous les soirs nous enseigner la Parole de Dieu pendant presque deux mois. Nous avons fini tout l'évangile de Jean. Quelques temps après, mon cousin nous a proposé de venir dans une réunion des chrétiens. A ce moment-là il fréquentait une église baptiste biblique mais il ne nous a pas dit que cette église était la sienne. Un dimanche ma sœur et moi-même nous nous sommes décidé d'aller voir cette église. Comme nous ne savons pas grand-chose sur les églises nous sommes partis presque avec les yeux fermés. Pas loin de l'adresse indiquée nous avons demandé à une église, qui n'était pas l'église baptiste... et au bout de trois nous avons enfin trouvé la bonne adresse. J'ai commencé donc, avec ma sœur, à fréquenter l'église baptiste en février 1986. Nous sommes entrés le culte débutait par un petit enseignement pour les enfants qui restaient avec tout le monde tout au long du culte du début jusqu'à la fin. A la fin de la prédication, le pasteur a fait un "appel" pour celles et ceux qui veulent accepter Jésus-Christ comme leurs Seigneur et Sauveur devant tout le monde. Au début cette pratique m'a vraiment surprise car je n'ai jamais vu de telle. Moi-même je n'étais pas très sûr de ce que j'ai entendu et j'ai demandé à ma sœur si c'est bien ce que j'ai entendu du pasteur. Cette pratique est courante dans presque toutes les églises baptistes à Madagascar et je pense que nous l'avons hérité de nos missionnaires étrangers (plutôt américains). Je me suis dit en moi-même "j'ai déjà accepté Jésus-Christ comme mon Sauveur et mon Seigneur il y a deux mois chez moi et je ne vois pas où est le problème pour l'affirmer devant tout le monde donc je vais le faire maintenant". Je me suis levé à la fin du culte et j'ai dit à haute voix que j'accepte Jésus-Christ comme mon Sauveur et mon Seigneur. Je ne sais pas si à cause de mon influence ou sa décision personnelle à ce moment-là mais après moi je vois ma sœur en train de se lever et dire à son tour cette affirmation publique de notre foi en Jésus-Christ. A la fin du culte le pasteur nous a bien accueillis en nous proposant le programme de l'église. A partir de ce moment nous sommes allés régulièrement au culte le dimanche matin et après-midi car il y a une autre étude également l'après-midi pour tout le monde et aussi spécialement pour les jeunes. Dans ma lecture personnelle l'histoire sur le baptême m'a interpellé plusieurs fois. Ainsi j'ai décidé de parler avec le pasteur pour me faire baptiser. Après quelques questions et explications en ce qui concerne le baptême, le pasteur m'a dit que dans l'église avant de se faire baptiser il faut suivre une étude sur le sujet qui dure à peu près une année. Comme nous étions déjà au mois de mars donc 3 mois près le début de cette étude je dû attendre l'année d'après pour commencer cette étude. Mais le pasteur m'a déjà autorisé à assister au déroulement de l'étude pour m'habituer. J'ai en même temps commencé à fréquenter pas mal d'activités dans l'église même si je n'étais pas encore baptisé. J'ai fait l'école de dimanche, j'étais à la chorale et j'ai participé régulièrement aux activités du groupe de jeunes... Pendant presque une année, de février 1986-septembre 1987 la date de mon baptême, j'ai participé aux plusieurs activités de l'église pour que je puisse voir où est exactement ma place dans cette communauté. J'étais quelqu'un actif dans cette église ou plutôt quelqu'un qui voulait savoir son utilité et sa place dans cette communauté. C'était à partir de ce moment que j'ai vraiment commencé à découvrir la vocation que le Seigneur m'a donnée pour mon ministère pastoral ainsi que la mission sur l'évangélisation qu'il m'a confiée.

L'appel du Seigneur et le premier engagement

Comme j'ai dit auparavant, tout de suite après ma conversion je me suis engagé, j'ai participé aux activités d'église et j'étais parmi les moniteurs de l'école du dimanche et du samedi. En travaillant avec les enfants j'ai constaté que j'avais une sorte de "facilité"de contact avec eux. Je me sentais à l'aise quand j'enseignais les enfants et plusieurs de mes amis m'ont dit que j'avais une facilité de contact avec les gens. J'ai également participé à plusieurs campagnes d'évangélisation à cette époque-là. A ce moment-là il y avait un pasteur qui travaillait à la campagne et dont la fille fréquentait ma classe d'école du dimanche. Un dimanche ce pasteur m'a proposé de venir avec lui à la campagne pour que je puisse m'occuper des enfants : Il y avait beaucoup d'enfants et de jeunes dans cette église mais malheureusement il n'y avait pas de responsable pour eux. Petit-à-petit ce pasteur m'a demandé de venir toutes les fins de semaine avec lui. J'ai commencé à enseigner à l'école du dimanche avec les enfants, j'ai essayé également de former une petite chorale pour les jeunes même si je ne suis pas spécialiste de la musique. Avec l'aide des jeunes de la capitale qui venaient de temps en temps nous donner un coup de main nous arrivions à préparer des concerts et à chanter tous les dimanches à l'église. Quand j'ai discuté avec les gens, pas seulement avec les jeunes et les enfants, j'étais vraiment frappé de leur soif et de leur désir d'approfondir et de connaître davantage la Parole de Dieu. Le plus grand obstacle pour eux était, de n'avoir personne pour les diriger et enseigner; si bien qu'ils n'arrivaient pas à lire et à comprendre tout seuls la parole de Dieu. Par conséquent ils avaient besoins de quelqu'un qui reste avec eux et qui connaisse leur besoin. A cette époque-là ce pasteur, qui m'a proposé de venir avec lui n'était pas encore un pasteur à plein temps dans cette église car il avait encore son travail. Je me suis dit en moi-même que tous ces gens avaient besoin de quelqu'un qui reste en permanence avec eux pour les enseigner mais malheureusement il n'y avait personne. Je peux dire sincèrement que cette situation m'a vraiment interpellé. A ce moment-là je n'ai pas encore pris vraiment une décision par rapport à un service pour Dieu mais je pense que Dieu avait déjà commencé son œuvre dans mon cœur. J'ai donc continué à venir avec ce pasteur toutes les fins de semaine et en même temps je suivais mes études à la faculté d'Antananarivo. Quelques temps après, les jeunes de mon église ont organisé un camp d'évangélisation dans cette petite église à la campagne. J'ai participé à ce camp et durant les enseignements donnés par les responsables de ce camp, beaucoup de réflexions sur l'engagement personnel et le service pour le Seigneur m'ont interpellé. Dans ma lecture personnelle je suis "tombé" souvent dans des versets qui parlent d'un engagement personnel et d'une consécration à Dieu. Ce sont des versets qui parlent d'une vocation pour le service de Dieu. Le passage qui m'a vraiment frappé et interpellé, parmi tant d'autres, est celui de l'épître à Timothée : « *Un soldat en service actif ne s'embarrasse pas des affaires de la vie civile, s'il veut plaire à son commandant* ». Ce passage était vraiment pour moi à ce moment-là car cela faisait quelque temps que j'hésitais pour prendre une décision personnelle. Je savais que je ne pouvais plus faire semblant de suivre mes études à la faculté comme si rien ne s'était passé et de penser la plupart de mon temps aux préparations des leçons pour les enfants et aux chants pour la chorale et aux jeunes que je rencontrais le samedi et dimanche. J'avoue que ma pensée était plus préoccupée sur ce qui allait se passait le Week-end que sur ce qui se passe pendant la semaine de cinq jours à la faculté. Cette situation était vraiment difficile à gérer pour moi ; j'ai même raté ma première année à la faculté bien que j'ai suivie des cours particuliers en dehors de la faculté. J'ai constaté que ma participation régulière dans ce service à la campagne avait un impact sur le déroulement de mes études et il fallait que je prenne maintenant une décision : soit je continuais et consacrais plus de temps à mes études et je laissais un peu de côté l'église, soit je me donnais totalement à l'église et j'arrêtais mes études à la faculté. Ma vocation pour le ministère pastoral était difficile pour moi à ce moment-là et prendre une décision n'était pas une chose facile. J'ai donc commencé à parler aux gens autour de moi de cette situation : aux anciens de mon église à la capitale, aux pasteurs que je connaissais à l'époque ainsi qu'à ma famille. J'en ai parlé particulièrement à ce pasteur qui m'avait emmené la première fois à la campagne. Il m'a conseillé d'en parler à mon église pour confirmer ou pour infirmer cet appel car une vocation vers Dieu doit être une vocation interne, c'est-à-dire un appel intérieur, une décision personnelle et aussi une vocation externe, c'est-à-dire un appel confirmé par l'église et les gens. En ce qui concerne ma famille, ma mère n'était pas contre cette décision, elle est devenue chrétienne également, en revanche mon père, qui n'est pas chrétien, m'a beaucoup averti car pour lui le salaire d'un pasteur n'est pas suffisant pour nourrir une famille. C'était surtout pour une raison "économique" pour lui mais en ce qui concerne la foi il était plutôt neutre et insensible. Avec les neuf anciens de mon église, j'ai également abordé le problème et la plupart m'ont dit de bien suivre mes études à la faculté jusqu'à la licence au moins et après cela je pourrais me consacrer au ministère pastoral. Ils étaient d'accord de me confier une responsabilité dans cette église à la campagne et prêts à me donner une formation continue pour ce travail mais je devais suivre mes études en même temps. Je fus donc dans cette situation pendant au moins une année, c'est-à-dire responsable à la campagne le week-end en suivant en même temps les cours à la faculté la semaine. J'ai suivi en même temps des formations continues à l'école biblique pas loin de la capitale. A ce moment-là l'appel à une consécration à plein temps ne cessait pas de me travailler. C'est vrai que j'arrivais à suivre à peu pres mes cours, je me suis débrouillé pas mal pour les examens mais ma tête n'était plus dans mes études. Il y avait comme un combat en moi et la parole de Dieu n'arrêtait pas de retentir en moi.

A ce temps-là, fin de l'année 1988, ma tante qui habitait en France est venue à Madagascar pour les vacances. Elle est venue nous voir à la maison et dans les discussions que nous avons eues elle m'a dit qu'elle était prête à me soutenir si j'avais envie de suivre les études en France ; à ce moment-là je ne lui disais rien de mes projets sur le ministère pastoral. J'ai parlé de cette proposition à ma famille d'abord, ensuite aux anciens de l'église, pensant aussi à une possibilité de suivre une formation théologique en France. Beaucoup d'amis m'ont dit que c'était une bonne occasion pour moi d'aller me former en France mais quelques personnes m'ont mis en garde. Moi personnellement j'étais convaincu que Dieu avait utilisé ma tante, qui n'est pas chrétienne bien sûr, pour m'accorder ce privilège de suivre ma formation à l'étranger. Quelques personnes étaient de même avis que moi dont ce pasteur avec qui je travaillais à la campagne. Il m'a encouragé et m'a dit de prendre la décision de partir car je risquais de "louper" une occasion que le Seigneur me donnait. L'avis des anciens de l'église n'avait pas changé et ils m'ont même dit de faire attention car ma tante risquait de changer d'avis du jour au lendemain (elle n'est pas chrétienne et elle était une ancienne témoin de Jéhovah) et que je tomberais dans des problèmes et ne pourrais peut-être pas finir mes études (comme beaucoup d'étudiants qui viennent en France). Les anciens de l'église étaient presque contre cette proposition. J'ai donc dit à ma tante que j'allais réfléchir à sa proposition et que si j'y allais, ce serait pour suivre les études en théologie.

Quelques temps après, en 1989 j'ai décidé de faire toutes les démarches administratives pour venir en France pour suivre mes études. J'ai dit à ma tante de m'inscrire à la faculté libre de théologie évangélique de

Vaux-sur-Seine dans la banlieue parisienne. A cause des problèmes au niveau des papiers je n'ai pas pu arriver à temps pour la rentrée scolaire 1989-1990 mais je suis arrivé en France en 1991. J'ai donc commencé ma formation à partir de l'année scolaire 1990-1991 dans cette faculté. Mes études à la faculté d'Antananarivo sont arrêtées en 1990 et j'ai consacré tout mon temps à travailler à la campagne jusqu'à ce que je parte en France. Au départ mes études étaient prévues pour trois ans pour l'obtention de la licence en théologie. J'habitais Paris chez ma tante, j'allais le matin à la faculté et je rentrais le soir, et cela du mardi au vendredi durant toute l'année scolaire.

La formation théologique à la Faculté Libre de Théologie Evangélique de Vaux-sur-Seine

Avant d'entrer dans le détail de mes études à la Faculté je voudrais revenir sur la préparation de mon départ en 1991 pour venir en France. Le problème qui se posait à ce moment-là était de trouver la somme nécessaire pour acquérir le billet d'avion. Ma mère travaillait, mais elle gagnait juste le nécessaire pour nous et les frais d'avion, seulement l'aller pour les étudiants, coûtait à l'époque 200 euros. C'était une mission impossible pour nous de trouver cette somme car nous n'avions rien en main même pas des objets de valeurs ou maison de famille ou terre à vendre. C'était à mon avis la première épreuve que nous avons eue pour réaliser ce projet mais heureusement que le Seigneur était toujours là pour nous encourager et nous donner la solution. J'ai fait un appel dans l'église pour réunir cette somme en exposant ma situation financière à ce moment-là. Tout le monde essayé de participer à cet effort ne serait-ce que symboliquement. Je me rappelle encore qu'il y a des gens qui ont donné l'équivalent de 1€ mais cela m'a vraiment touché et m'a réjoui et je pense que je n'oublierai jamais ces gens. Tout le monde m'a soutenu dans ce projet même si financièrement ils n'étaient pas capables, étant donné leurs moyens de m'aider. Nous avons pu récolter à peu près le ¼ de la somme. Mais à cette époque, en 1990, Madagascar a accueilli les jeux des Iles de l'Océan Indien et beaucoup de chrétiens de La Réunion, de l'Ile Maurice et de la France sont venus pour une campagne d'évangélisation. Les églises baptistes bibliques de Madagascar collaboraient avec ces chrétiens. Parmi la délégation mauricienne il y avait un pasteur baptiste mauricien qui était en contact avec un Médecin de mon église. J'ai parlé avec celui-ci de mon projet d'études et de mon problème par rapport à ma situation financière. A ce moment-là, en août 1990, j'avais déjà ma pré-inscription à la faculté de théologie. Il me restait à trouver l'argent pour le billet d'avion. Ce Médecin m'a fait rencontrer ce pasteur et nous avons discuté ensemble pour trouver la solution. Ce pasteur m'a promis qu'après les jeux à Madagascar quand il rentrerait à l'île Maurice il parlerait de ma situation à son église et aux églises sœurs. A la fin de l'année 1990 les églises baptistes mauriciennes nous ont envoyé à peu près 150 euros. Avec cette somme, plus la somme que nous avons récoltée dans l'église, nous n'étions plus loin de notre cible pour le billet d'avion. Je peux dire également que la main du Seigneur a vraiment agi pour que nous puissions réaliser ce projet. Il a utilisé la libéralité des frères étrangers pour réaliser son plan pour moi. Je suis toujours reconnaissant de tout ce que ces frères et sœurs Mauriciens ont fait pour moi.

Je suis arrivé en France en septembre 1991 et les cours à la faculté commençaient au mois d'octobre 1991. J'étais donc externe quand j'ai commencé les études à la faculté de théologie. Nous avions cours du mardi au vendredi inclus. Je quittais tôt Paris le matin, je me levais vers 5 heures 30' pour pouvoir attraper le train à la gare vers 6H 30', et je rentrais tard le soir vers 20H. Le trajet durait à peu près une heure jusqu'à la faculté. La fin de la semaine je restais sur Paris même. Le début de mes études n'était pas du tout facile. Déjà en tant qu'externe, avec le va-et-vient matin et soir qui dure deux heures par jour, physiquement j'étais souvent fatigué. J'ai essayé d'utiliser le temps du trajet pour réviser ou apprendre les cours. En ce qui concerne mon adaptation au rythme de la vie en France le début était vraiment difficile pour moi et en plus ma famille était loin. Je peux dire que malgré les aides et les encouragements et de ma famille et de mes amis, ma première année à la faculté fut un peu "la galère" pour moi. Pour les examens j'ai dû refaire en deuxième session deux ou trois matières. Le niveau de ma promotion était aussi pour moi très élevé et cela m'a obligé à travailler davantage et m'a poussé à réussir ma première année me semble-t-il. Comme j'avais eu un baccalauréat scientifique à Madagascar et que tous les travaux à la faculté étaient littéraires c'était également un grand défi pour moi de réaliser les dissertations et les comptes rendus critiques des livres. Avant d'arriver à la faculté je n'aimais pas trop la lecture or la faculté nous donnait beaucoup de livres à consulter. J'étais obligé de faire beaucoup d'efforts de lecture et même quelques mois après mon arrivée à la faculté j'ai constaté que j'avais un problème de vue à cause de mes lectures. Même pas un an après le début de mes études je portais déjà ma première paire de lunettes de correction.

En deuxième année de faculté ma situation a changé. Ma tante déménageait à Toulouse et je devais trouver une solution pour mon hébergement. La solution était le foyer des étudiants à la faculté, or le budget pour cela ni ma tante ni moi n'avions prévu. Ma tante était toujours prête à me soutenir comme avant mais au niveau de l'hébergement pour le foyer c'était à moi de trouver la somme nécessaire à cet effet. C'est à partir de ma deuxième année donc que j'ai commencé à travailler pendant les vacances et j'étais également étudiant au pair à la faculté, c'est-à-dire que j'ai effectué des heures de travail pour la faculté et la faculté déduisait la somme équivalant aux frais de ma scolarité. En tant qu'étudiant j'avais le droit de travailler 20 heures par semaine et j'ai tout fait (je puis dire presque) pour gagner un peu d'argent pour mes études. J'ai fait de travail du nettoyage, de gardiennage, de travail dans le bâtiment... de petits "boulots" par-ci par-là. En collaboration avec la faculté et la municipalité j'ai pu avoir un poste de surveillant du soir dans un foyer de gens sans domicile fixe (SDF). J'ai également donné un coup de main au cuisinier (qui était d'origine malgache) pour la préparation du petit déjeuner le matin. Au lieu de se lever vers 7 heures le matin comme tout le monde, pendant mes trois années au foyer je me suis levé à 5 heures et demie du matin pour pouvoir tout préparer pour le petit déjeuner. A partir de ma troisième année, un pasteur de l'église évangélique baptiste de Paris m'a conseillé et m'a fortement encouragé de faire une démarche auprès de la Fédération des Eglises Evangéliques Baptistes de France (FEEBF) j'ai pu ainsi bénéficier d'une aide financière ou d'une bourse d'étude. J'étais actif dans cette église et j'avais quelques responsabilités avec les jeunes et les adolescents. J'ai donc fait une demande de bourse auprès de la FEEBF et ils m'ont accordé 1/3 de bourse à l'époque. Cette somme m'a aidé à financer les études mais comme elle n'était pas suffisante j'ai toujours continué à côté les petits boulots. Mon rythme de travail et d'étude était toujours le même. A la fin de ma troisième année pour l'obtention du diplôme de licence, comme c'était prévu avec ma tante, je devais terminer mes études et rentrer chez moi à Madagascar. Du côté de ma tante elle a accompli sa promesse et elle ne pouvait plus prolonger son engagement vis-à-vis de mes études, et de mon côté, au niveau financier je n'étais pas capable de financer tout seul un désir de continuer les études. J'étais donc prêt à ce moment-là à retourner chez moi à Madagascar. Mais ce pasteur qui m'avait conseillé auparavant m'a proposé de nouveau de prolonger d'une année mes études pour pouvoir obtenir la maîtrise en théologie car pour lui il serait dommage de rentrer sans terminer le deuxième cycle et en plus il fallait seulement une année de plus à ce moment-là. Je lui ai donc dit que si la FEEBF finançait à 100% les études j'accepterais de rester avec l'accord de mon église à Madagascar. La FEEBF a accordé la bourse pour les études et j'ai également obtenu l'accord de mon église pour rester une année de plus. En général pour tous les étudiants boursiers de la FEEBF le contrat de travail est de rester servir au sein de la FEEBF au moins cinq année après leurs études. Ma situation était un peu différente car j'étais venu en France au début sans être en collaboration avec la FEEBF, et je commençais à bénéficier de la bourse d'étude seulement en troisième année de mes études. Je n'étais pas donc lié au contrat de travail qui concerne tout le monde et on m'a donné le choix de retourner tout de suite après mes études chez moi car les églises baptistes malgaches avaient besoin de moi. A la fin de ma quatrième année, normalement je devais finir les études par la soutenance d'un mémoire de fin d'études pour l'obtention du diplôme de maîtrise. Et malheureusement, comme la plupart de mes amis, je n'ai pas pu terminer ce mémoire à la fin de l'année scolaire. Suite à cette situation il y avait encore une autre proposition de la part de la FEEBF pour m'envoyer à Toulouse dans un poste d'évangélisation pour aider un missionnaire qui venait d'arriver dans cette ville. Ma tante habitait déjà Toulouse à ce moment-là donc j'avais une famille sur place et la FEEBF m'a pris comme stagiaire dans cette église après avoir négocié au niveau financier. Ma venue à Toulouse donc arrangeait tout le monde et moi aussi, car je devais travailler à mi-temps pour l'église et à mi-temps pour terminer la rédaction de mon mémoire, et pour la FEEBF, car ils avaient besoin aussi de quelqu'un pour aider l'église. J'ai donc de nouveau demandé l'avis de mon église à Madagascar pour cette nouvelle proposition et j'ai obtenu l'accord pour une année mais pas plus pour cette fois-ci. Ainsi je suis venu à Toulouse pour l'année scolaire 1995-1996 pour faire une année de stage pastorale.

La fréquentation de la Communauté Roumaine à Paris

Durant mon séjour à Paris de 1991-1995 je fréquentais la communauté roumaine grâce à mon ami Roumain de la faculté qui était dans la même promotion que moi. Quand je montais à Paris le Week-end, le dimanche après-midi je venais avec lui assister au culte en roumain qui se déroulait dans le même local de mon église. Petit-à-petit je me suis habitué à assister au culte et j'ai même décidé de participer à la chorale. Le culte était souvent en français traduit en roumain, pour ce point-là je n'avais pas de problème, mais le reste était tout en roumain. Au début j'avoue que je ne comprenais pas grand-chose mais je commençais à apprendre le roumain pour pouvoir tout suivre et comme je faisais partie de la chorale j'en avais également besoin pour la prononciation des phrases. Cela m'a vraiment plu et pendant trois ans j'ai fréquenté cette communauté et j'ai même pu apporter une humble participation pour les prédications et les enseignements pour les jeunes. Comme cette communauté n'avait pas un pasteur à plein temps on m'a donc souvent sollicité pour participer au culte. J'ai commencé à avoir beaucoup d'amis roumains et pendant les vacances j'ai travaillé avec les roumains dans les bâtiments. Ils m'ont appris beaucoup de choses dans leur façon de vivre et surtout dans leurs engagements pour servir le Seigneur. Ce qui m'a vraiment frappé était l'accueil des étrangers au sein de cette communauté. J'étais le seul étranger non roumain dans cette communauté mais ils m'ont tous considéré comme leurs frères. J'ai vu également l'amitié et la solidarité entre les roumains et cela m'ont aussi apporté énormément dans ma vie de tout le jour. Cette période était vraiment une bonne expérience pour moi. Je suis convaincu maintenant que cette fréquentation de la communauté roumain à Paris faisais déjà partie de la préparation que le Seigneur m'a donné car quand je suis arrivé sur Toulouse j'ai continué à fréquenter les roumains et surtout j'y rencontrais mon ami Dusan avec qui j'ai vécu beaucoup de bonne chose et avec qui j'ai partagé pas mal d'expériences.

La rencontre avec mon ami Dusan

Je suis donc venu sur Toulouse en 1996 pour une année de stage pastorale et pendant cette année que j'ai rencontré mon ami Dusan. Nous sommes des amis de longue date et je me rappelle encore le moment où je l'ai rencontré la première fois. Le début de mon ministère dans cette communauté était un peu difficile car cette église a une particularité. La plupart des membres sont des jeunes étudiants qui suivaient leurs études sur Toulouse pour 2 ou 3 ans maximum. Tous les ans donc il y avait des va et vient des jeunes dans l'église et le noyau de la communauté reste 2 ou 3 familles et en plus ce sont des familles non toulousaines. Les membres de la communauté sont de niveau de vie faible, si je puis dire ainsi. Nous avons fait également un travail d'accueil et d'accompagnement de gens de la rue (SDF) qui fréquentaient la communauté.

Un dimanche matin après un culte que je présidais mon collègue m'a fait signe, pendant que je discutais avec quelques membres de la communauté, de venir au fond de la salle pour voir quelqu'un. En quittant mes amis avec lesquels je discutais je voyais au fond de la salle devant la porte de sortie un petit homme, à peu près 1m 60 assez mince pour ne pas dire maigre qui attendait un peu « pommait », avec des vêtements assez propre, les cheveux normaux. Le voyant de loin je reconnais en lui le style des gens de la communauté que je fréquentais à Paris. Je me suis dit dans ma tête : « tiens je suis sûr que c'est un roumain celui-là ». Quand je suis arrivé près de lui je lui ai posé la question en roumain s'il était roumain et il m'a répondu : « da », c'est-à-dire oui en roumain. Je lui expliquais à partir de cet instant que j'avais des amis roumains à Paris et que je parlais un peu le roumain. Si ma mémoire est bonne, je pense qu'à cette époque Dusan ne parlait pas du tout aucun mot français sauf le « oui » et le « non ». En tant que co-responsable de la communauté je commençais à suivre et à m'occupais du cas de Dusan. Connaissant le roumain, je suis devenu le premier ami et le confident de Dusan. Nous sommes devenus proche et ami très vite. Nous avons essayé donc ensemble, avec l'aide de mon ami Eric, d'aider Dusan à résoudre ses problèmes administratifs pour les papiers ainsi que pour le logement. Dusan s'est intégré petit-à-petit dans la communauté au niveau de petits travaux à faire et pour l'animation du culte en tant que bassiste. Dusan était enthousiaste et participatif dans tous les programmes de l'église. Au début j'étais toujours, un peu obligé, avec lui pour faire la traduction quand il voulait donner un témoignage ou une petite pensée. Dusan était quelqu'un de travailleur et soigneux, comme tous les roumains d'ailleurs. Il nous a montré son talent en construisant le baptistère de l'église avec quelques amis. Je me souviens encore le bon moment que nous avons passé ensemble à cet instant. Il arrivait où nous travaillions même la nuit car le baptistère devait finir quelques jours avant le baptême de quelques membres de l'église. C'est fut également une grande joie pour moi de faire le baptême de Dusan quelques mois après dans ce baptistère qu'il a construit lui-même. Notre amitié a évolué et devenu de plus en plus solide au fur et à mesure qu'on avance dans le temps. Dusan était proche de moi car à cette époque-là j'étais moi-aussi seul, j'étais encore célibataire. Il y a eu de moment où Dusan passait souvent chez moi pour discuter ensemble ou pour prendre le repas ou simplement il passait me voir. En tant que pasteur de l'église, je le suivais également au niveau spirituel et je voyais en lui quelqu'un qui a soif de la connaissance de la parole de Dieu et suite à la discussion que nous avons eu qu'il décidait de se faire baptiser. Dusan fréquentait déjà la communauté pentecôtiste chez lui en Roumanie mais sa connaissance de la Bible était encore limitée quand il arrivait dans notre communauté. Je voudrais souligner également, car cela était un événement dans mon ministère en France, que Dusan était la première personne étrangère que j'ai baptisé depuis mon arrivé en France en 1991. Notre amitié continuait à se développer jusqu'à un jour où Dusan et une sœur de notre communauté nous ont annoncé, à mon collègue et à moi-même, l'amour qui naissait entre eux et leur désir de vivre ensemble et leur intention de se marier. J'étais très content de cette nouvelle même si je ne montrais pas cela extérieurement devant les trois personnes présentes ce jour-là dans notre petit bureau dans « la chambre haute » de l'église. Suite à cette annonce il y eu beaucoup de choses qui s'était passé, entendu et dit sur Dusan et Régine. Cela n'entre pas trop dans l'objectif de mon livre mais je peux citer seulement quelques propos venant de gens de l'intérieur de l'église : «*Ce n'est pas bon ce qu'ils font car Dusan profite seulement la faiblesse de Régine, qui était divorcée pendant plusieurs années et qui voulait se marier* » ; « *Régine profite la situation de Dusan, financière et au niveau de papiers, pour le prendre chez elle* » ou encore « *Dusan voulait se marier à Régine seulement pour avoir les papiers et pour pouvoir rester en France* ». A cause de toutes ces situations, Dusan et Régine se sentaient un peu critiqué et refusé et même mis à l'écart par quelques membres de la communauté. Ils venaient de moins en moins à l'église et le responsable de la communauté les a interdits même à participer à quelques activités de l'église.

En juin 1996, l'année de mon stage pastorale touche à sa fin et je suis retourné quelques mois à Paris avant de passer trois mois chez moi à Madagascar. J'ai su pendant mon absence sur Toulouse en 1997 que à ce moment-là quelques membres de l'église sont partis, ou plus exactement qu'on les fait partir de la communauté, dont Dusan et Régine font partie.

La correspondance entre Dusan et moi-même durant mon séjour parisien

Je suis donc de nouveau revenu sur Paris après avoir effectué une année de stage pastorale sur la ville de Toulouse dans le but de terminer la rédaction de mon mémoire. On m'a accordé une petite chambre dans l'église baptiste évangélique de Paris 14ème que je fréquentais auparavant. Cinq ou six mois après j'ai terminé la rédaction de mon mémoire. Comme la tradition à la faculté exige il fallait que j'envoie aux membres du jury la copie de mon travail deux mois avant la soutenance. J'avais encore à ce moment-là quelques mois libre avant que cette date arrivait, la date de la soutenance. Comme Dieu est bon, Il m'a donné une occasion d'aller visiter trois mois Madagascar. C'était à ce moment-là donc, juste après mon retour de mon pays, que j'ai su que Dusan a eu quelques problèmes avec la Préfecture. J'étais donc en contact avec lui, soit par téléphone, soit par les lettres.

Comme Dusan et Régine voulaient se marier, ils pensaient qu'il était mieux pour Dusan de changer son adresse pour faciliter toutes les démarches administratives nécessaires à cet effet. La carte de séjour de Dusan était valable pour deux ans quand il arrivait à Toulouse. Il est allé donc à la Préfecture pour faire cette démarche. C'était au moment où le responsable de la Préfecture a mis dans l'ordinateur les coordonnées de Dusan qu'ils ont vu ensemble que cette carte était fausse malgré l'apparence. Dusan était le premier surpris car pour obtenir cette carte il avait suivi les démarches administratives "normales" en Roumanie pour l'avoir. Dusan a tout essayé d'expliquer sa sincérité et les démarches qu'il a suivi pour obtenir cette carte et de leur prouver qu'il n'était pas du tout au courant qu'elle était fausse et même leur affirmer que c'était avec cette carte qu'il est entré en France. Malheureusement son effort était en vain car le responsable de la Préfecture n'avait pas cru à son explication et à sa parole. C'était suite à cet incident que « la galère » avait commencé pour Dusan et Régine.

Dusan avait reçu tout de suite une lettre de conduite à la frontière et il était obligé de se cachait et de changeait de maison en maison à cause de la recherche de la Police. Il y avait de moments où Dusan restait dans un appartement une ou deux semaines sans sortir et il devenait craintif et angoissé. Sa santé non plus n'était pas excellente. A ce moment-là le conseil de la CIMAD (une organisation qui s'occupe des démarches administratives pour l'obtention de la carte de séjour pour les étrangers en France) était d'accélérer toutes les démarches administratives pour le mariage pour pouvoir résoudre le problème de Dusan. Après quelques temps tous les papiers pour le mariage ont étaient accepté à la Mairie. Le moment était donc venu pour passer devant le Maire et tout le monde était enfin content et soulagé car beaucoup pensaient qu'après le mariage tous les problèmes au niveau papiers seront résolus pour Dusan. C'était un grand changement donc et pour Dusan et pour Régine. J'avais reçu à ce moment-là une invitation de la part de Dusan et Régine mais malheureusement à cause de mon emploi du temps bien rempli et établi avant et un empêchement personnel je ne pouvais pas venir les assister. J'étais triste mais je ne pouvais rien faire face à la situation. Le lendemain ou le jour même du mariage, je ne me rappelle plus très bien, Régine m'a téléphoné en larme pour me dire que le jour du mariage, à la sortie de la Mairie devant les invités et amis, des policiers en tenue civile ont attrapé Dusan, lui ont mis la menottes et l'embarqué dans la voiture direction la poste de police. Il était retenu en cellule pour quelques jours. Quel choque et quelle tristesse et surtout quelle honte ! Pas seulement pour la famille et les amis mais surtout pour la France et ses représentants. La France qui est le pays de **la liberté, l'égalité et la fraternité**. A mon avis cet événement a vraiment marqué la vie de Dusan car il m'en parlait souvent après sa détention en prison. La période que Dusan a vécu en prison pendant quelques mois était la plus difficile de sa vie. Lui qui était quelqu'un de simple, sincère qui n'a rien fait de mal, ni vol, ni meurtre, se trouvait en prison parce qu'on lui a donné ou a vendu un faux papier car à l'époque en Roumanie pour obtenir un visa ou un passeport (légal bien sûr) pour venir en pays de l'ouest, il fallait payer. Les conséquences de la prison étaient visible en Dusan et psychologiquement et physiquement. Il avait de trouble de sommeil et un problème de calvitie. Heureusement Dusan était quelqu'un de "fort", qui ne se laissait pas à battre et malgré tous ces événements ils n'ont pas baissé les bras mais ils ont tout fait pour qu'ils obtiennent leur droit et de montrer l'innocence de Dusan. C'était pendant l'emprisonnement de Dusan qu'ils ont célébré leur mariage. Pour moi, c'était un bon témoignage de courage de leur part. J'ai envie de remercier le Seigneur pour tout ce qu'Il a fait pour Dusan et Régine pendant ces moments très difficiles dans leur vie de couple.

Le retour à Toulouse en 1998-2000

Pendant que j'étais à Paris en 1997 l'église de Toulouse m'a invité à leur sortie d'église pour le week-end de Pâques. C'est à ce moment que la proposition des membres de l'église m'a été adressée pour renouveler et prolonger mon contrat avec eux. Ils me sont proposé donc de continuer de deux ans mon engagement avec eux, c'est-à-dire que, si j'acceptais cette proposition, je restais en France et plus précisément à Toulouse de 1998-2000. Après avoir réfléchi j'ai envoyé une lettre à mon église à Madagascar pour connaître leur avis. Les anciens ont discuté entre eux et ils ont soumis la proposition à tous les membres de l'église et ils ont donné (de nouveau) leur accord malgré les besoins pressants sur place. J'ai donc envoyé aux responsables de la FEEBF cette réponse de Madagascar avec la demande et le soutien des membres de l'église de Toulouse. L'accord était donc conclu et je suis revenu sur Toulouse en 1998 pour un travail de 2 ans. J'étais soutenu financièrement par l'église de Toulouse et j'étais considéré comme un pasteur à plein temps. Au sein de l'église, malgré les nombreux départs des membres de l'église pendant mon absence en 1997, nous avons essayé, mon collègue et moi-même de continuer les activités que nous avions commencées au départ, à savoir l'accueil des gens de la rue et le travail d'évangélisation. J'ai essayé également de faire un travail de "réconciliation", si je puis m'exprimer ainsi, avec les "anciens" membres de l'église qui étaient partis et ma relation avec eux n'a jamais cessé et cela continue jusqu'aujourd'hui d'ailleurs. Excepté quelques vaines tentatives pour faire revenir les "anciens" membres, ils sont tous restés dans leur nouvelle église. Parmi ces gens étaient mes amis Dusan et Régine qui étaient restés très engagés même s'ils avaient dû quitter notre communauté. J'étais personnellement content car j'avais quelques soucis pour eux quand j'ai su leur départ. Ils organisaient plusieurs rencontres chez eux : réunion de prière et étude biblique, ainsi qu'un petit groupe de chants dont je faisais partie de temps en temps. Il y avait des rencontres avec d'autres Roumains et ils ont créé même une association d'amitié Franco-Roumaine pour venir en aide aux gens en difficulté en Roumanie.

Durant cette période également j'ai rencontré ma future épouse. J'ai fait d'abord la connaissance de ma future belle-mère par l'intermédiaire d'un ami commun qui m'a invité un jour à assister à un culte de baptême dans une église sœur. Je suis donc venu accompagner de quelques jeunes de mon église pour assister à cette cérémonie et Géraldine était là même si je n'avais pas remarqué sa présence. A cette époque Géraldine n'était pas encore chrétienne mais elle commençait à fréquenter les réunions des "Hommes d'affaires" de plein Evangile avec ma belle-mère. Grâce à cette rencontre, qui est consacrée à l'annonce de la Bonne Nouvelle de Jésus-Christ accompagné des témoignages personnels des gens qui ont pris la décision de suivre le Christ, Géraldine a également décidé de donner sa vie à Jésus-Christ. Elle commençait à fréquenter une église avec ma belle-mère mais comme elle travaillait près de notre église elles ont décidé de venir dans notre communauté. En tant que "nouveau convertie" Géraldine était un peu fragile au début de sa vie chrétienne et il y a eu des moments où elle nous demandait des conseils personnels. Suite à des discussions et après avoir suivi une petite formation elle décidait de passer par les eaux du baptême. Je pense que c'est à ce moment que Géraldine voulait "mettre de l'ordre" dans sa vie personnelle et dans sa nouvelle relation avec Dieu et elle m'a demandé plusieurs rendez-vous pour lui donner conseil. Au début j'ai fait normalement mon travail en tant que pasteur, son pasteur, mais petit-à-petit avec le temps je suis devenu plus que son confident et son pasteur. Notre relation a évolué doucement et comme nous sommes des grandes personnes, dans le vrai sens du terme car nous n'avons plus 20 ans comme on dit, nous avons décidé d'annoncer à tout le monde notre désir de vivre ensemble. A la fin de cette année j'ai donc fait venir mes parents de Madagascar pour faire la demande traditionnelle de la main de la jeune fille. Malgré le désir et le souhait de faire le mariage tout de suite, vue la situation financière et l'éloignement de nos familles respectives, nous nous sommes contenté des fiançailles cette année-là et nous nous sommes mariés une année après en août 1999. Ma façon de vivre a complètement changé car dorénavant je devais apprendre à vivre et surtout à partager avec quelqu'un, ce qui n'était pas facile au début pour moi, "vieux célibataire". Ma nouvelle famille m'est également apporté beaucoup dans mon ministère et je remercie le Seigneur de m'avoir donné une épouse comme Géraldine qui soutient et partage à 100% mon ministère pastoral. L'arrivée de nos deux enfants, Rebeka et Romain a été l'apogée de notre bonheur en couple et nous demandons au Seigneur de nous soutenir et de nous aider dans l'éducation et l'enseignement de ceux qu'il nous a confiés.

La préparation du départ

Après avoir terminé mes études à Paris (à la Faculté Libre de Théologie Evangélique de Vaux-sur-Seine) en 1995, je suis venu m'installer à Toulouse pour mon stage pastoral ainsi que je l'ai dit auparavant. Lors de mon déménagement, je n'ai pu amener toutes mes affaires car j'en avais rempli plusieurs petits cartons. J'ai donc demandé à mon ami Roumain de la Fac d'en garder quelques-uns jusqu'à ce que je trouve un moyen de les récupérer, et j'en ai laissé également quelques autres à l'église évangélique baptiste, église que je fréquentais pendant mon séjour à Paris. Dès mon arrivée à Toulouse, j'ai essayé deux ou trois fois, à l'occasion de réunions ou autres qui m'amenaient à monter à Paris, d'en profiter pour ramener quelques affaires mais il me restait encore plusieurs cartons. Quand mon ami Dusan a acheté son van blanc, j'en ai parlé avec lui et il m'a proposé gentiment de m'accompagner à Paris pour récupérer les derniers cartons. Nous avions arrêté plusieurs fois une date que par la suite nous avions dû changer car il fallait trouver trois jours au moins pour faire l'aller et le retour et il fallait que cela concorde avec le travail de Géraldine, mon épouse et le travail de mon ami Dusan ; la marge était vraiment minime. Après plusieurs ajournements, nous avions enfin fixé la date du 12 février 2002 pour le départ et le retour le 14 après-midi. La veille de notre départ, le lundi soir vers 21 heures le téléphone sonne. J'ai pris l'appareil, et c'était Régine, la femme de Dusan : « Alors Nirina, ta maman t'a préparé des petits plats malgache pour demain ? » dit-elle en plaisantant. Je lui ai dit que tout était prêt de mon côté et que c'était Géraldine qui avait préparé le sandwich mais pas ma mère. Ensuite, Régine m'a passé Dusan qui voulait me préciser l'heure à laquelle il viendrait me prendre à la maison. Nous avons donc fixé le départ de chez moi à 6 heures du matin. Le mardi 12 février 2002, je me suis levé un peu plus tôt que d'habitude, vers 5 heures du matin. Comme d'habitude, après avoir fait ma méditation personnelle (qui dure à peu près 15 ou 20 minutes), je suis allé prendre ma douche. Géraldine était déjà réveillée ; elle m'a donné le petit sac bleu qu'elle avait préparé pour moi la veille. Elle était encore à moitié endormie. A ce moment-là j'ai entendu le brut de la voiture de Dusan, j'ai regardé par la fenêtre de la cuisine pour voir si c'était bien lui. Je lui ai fait signe de m'attendre le temps que je dise au-revoir à Géraldine et aux enfants. Puis, je suis descendu et suis arrivé à la voiture. Dusan m'attendait avec le moteur déjà en marche. Après avoir échangé les salutations d'usage, Dusan m'a montré une carte routière en me disant : « J'ai déjà vérifié hier le trajet et tu vas m'aider car c'est la première fois que je vais le faire ». Il a ajouté que le trajet le plus rapide était de passer par l'autoroute de Limoges. J'étais du même avis que lui. Dusan m'a ensuite expliqué qu'il avait amené quelques cassettes audio des années 50-60 et que, si ça m'intéressait je pouvais les mettre. J'ai pris donc une cassette sans trop voir de quel chanteur ou chanteuse il s'agissait et je l'ai mise dans l'appareil. Dusan m'a expliqué que l'appareil avait un petit problème car au bout de quelques secondes il se mettait tout d'un coup sur la radio. Nous étions donc obligés d'appuyer sur le bouton de cassette pour que la cassette fonctionne de nouveau. Au début c'était Dusan qui appuyait sur l'appareil et cela me faisait rigoler. J'ai essayé de le faire moi-même ensuite mais je n'étais pas aussi rapide que lui ; alors nous avons eu quelques moments de radio avant que la cassette se remette en marche. Au bout de quelques minutes je suis arrivé à trouver le système. Je n'avais même pas donné le temps à la cassette de s'arrêter que j'appuyai déjà sur la touche. Cet exercice m'a tenu éveillé surtout à 6 heures de matin. J'ai continué donc à appuyer le bouton de cassette pendant le trajet... Dusan et moi avions beaucoup discuté durant le trajet. Il m'a expliqué son programme pour ce voyage. C'était la première fois qu'il allait avoir l'occasion de visiter Paris. Comme j'avais habité Paris cinq années durant, je lui ai dit que j'allais lui faire visiter les bons coins de Paris. « Nous serons à Paris cet après-midi, et s'il fait bon demain tu me feras visiter Paris et nous reviendrons à Toulouse le jeudi en quittant Paris de bon matin vers 6 heures ». Dusan m'a dit également qu'il ne dépassait pas la vitesse de 110Km/h car au-delà de cette vitesse la voiture consommait plus d'essence. Il a rajouté : « Tu vois, avec cette vitesse le plein nous suffit pour arriver à Paris car la voiture consomme moins ». Nous avons parlé également de quelques projets de Dusan et sa famille. Il venait d'acheter un appartement en dessous de leur appartement et après avoir fait quelques travaux il l'avait loué. Dusan m'a dit qu'il préférait acheter une maison mais ils n'avaient pas encore les moyens nécessaires. Mais le projet restait toujours valable pour lui dans l'avenir, et il pensait même acheter une autre maison en Roumanie (Dusan était originaire de la Roumanie). Mon ami était quelqu'un de très actif et plein de projets, toujours positif et combatif dans sa tête. Sur la route nous venions de passer le péage de Montauban et nous nous dirigions vers l'autoroute de Cahors. J'étais le copilote et avait pour mission de vérifier l'itinéraire exact à suivre sur la grande carte. Nous continuions doucement notre route. A un moment donné, nous avions eu un petit doute pour la direction à suivre et Dusan m'a proposé de nous arrêter pour bien étudier la carte. A cette époque-là il y avait quelques travaux sur la route avant l'autoroute de Cahors. Car, entre l'entrée sud de Cahors et la sortie nord, ce n'était que rochers, montagnes et l'entreprise de construction de l'autoroute allait lentement. Ce qui fait qu'entre ces deux entrées, il existait, et il existe encore la nationale 20 pour contourner Cahors. Après avoir eu quelques temps d'arrêt nous nous sommes décidés à continuer notre route. Il était vers 7 heures 30' à peu près. Quelques minutes plus tard nous avons vu l'indication de l'entrée de l'autoroute.

La "Surprise" mortelle

Nous étions sur la bretelle de l'autoroute de Cahors en venant du côté de Montauban. Le jour était déjà levé, il était 7 h 40', et cela faisait un moment que Dusan avait changé en feu de position les phares de la voiture (un van blanc L 300 MITSUBISHI). Nous roulions à 80 Km/h à ce moment-là car je regardais de temps en temps le tableau de bord (c'est une déformation professionnelle en tant que conducteur) et avant d'entrer sur l'autoroute je regardais la vitesse car j'avais vu le panneau d'indication qui limite la vitesse à 90km/h à cet endroit. Nous roulions tranquillement, heureux d'être ensemble, le soleil était levé, la route était droite, il n'y avait pas de circulation, la journée était pleine de promesses. Nous étions sur la Nationale 20, nous arrivions à 800 m de l'entrée du péage de FRANCOULES et nous allions prendre l'autoroute de LIMOGES. Sur cette bretelle la route est a deux sens c'est-à-dire deux voies séparées par une ligne blanche continue au milieu, c'était logique, puisque c'était une nationale. Donc nous roulions sur notre voie à droite doucement, à 80 kms/heure, ainsi que dit plus haut, sur une ligne droite. Tous d'un coup voilà qu'arrive en face de nous, et à vive allure sur notre voie, une voiture noire immatriculée en Belgique. Nous fûmes très surpris car la voiture était sur notre voie et non sur la sienne et les deux voies étaient séparées par une ligne blanche continue, elle ne freinait pas mais fonçait à toute allure sur nous. Dusan a crié : « mais qu'est-ce qu'ils font, pourquoi ils foncent sur nous ? » Et moi de mon côté j'ai crié : « mais pourquoi ils conduisent à gauche, ce sont des Anglais ou quoi ? » Dusan a freiné à mort sur au moins une vingtaine de mètres et a dirigé la voiture sur la bande d'arrêt d'urgence à sa droite. La bande d'arrêt d'urgence était limitée par une barrière de sécurité et de l'autre côté c'était un ravin. Il ne pouvait pas faire mieux. Mais malheureusement la bande d'arrêt d'urgence à notre droite n'était pas bien large et à cet endroit il y a également la balise qui nous a coincés. J'ai vu la voiture arriver à une vitesse folle et mon premier réflexe a été de couvrir mes yeux avec mes deux mains. Dans ma tête, je me suis dit que la vitesse de la voiture était largement au-delà de la limitation indiquée. Puis, en l'espace de quelques seconds tout est arrivé… un bruit épouvantable de ferraille… Le choc frontal des deux voitures, plutôt de la VOLKSWAGEN noir contre la nôtre qui était pratiquement à l'arrêt, le bruit assourdissant du choc. La voiture des belges s'était encastrée entièrement jusqu'au pare-brise sous le moteur de notre voiture. Le moteur de la nôtre était remonté sur nos jambes et le tableau de bord s'était replié sur nous. Dusan et moi n'avions pu que subir le terrible choc frontal entre les deux voitures. Ma respiration était coupée. Au moment du choc j'ai mis mes deux mains sur mes yeux pour me protéger le visage car j'étais bien attaché avec la ceinture de sécurité. Ensuite j'ai enlevé mes mains de mon visage et en ouvrant les yeux, j'ai constaté que je n'avais plus mes lunettes sur moi. Je les ai retrouvées sur ce qu'il restait du tableau de bord un peu plus loin quelques minutes après. Je n'arrivais plus à respirer et la seule chose qui me venait à l'esprit c'était de crier. Alors j'ai crié aussi fort que j'ai pu (mais il n'y avait pas de voix audible à mon avis) en langue malgache : *« Jesosy ô ampio aho fa sempotra. Jesosy ampio izahay »* (Jésus aide-moi à respirer. Jésus aide-nous). J'ai continué cette demande et une prière en même temps pour moi et pour mon ami pendant quelques secondes et j'ai senti ma respiration revenir petit-à-petit jusqu'à ce que je puisse respirer presque normalement. A ce moment- là j'ai vu Dusan, mon ami, mon frère, à côté de moi qui respirait très difficilement et la première parole que je lui ai dite était : « Dusan ne t'inquiète pas Dieu va nous aider ». Pendant que je luttais pour respirer, j'ai entendu Dusan qui parlait doucement d'une voix lente et presque inaudible (en roumain et en français je pense). Dusan me dit doucement et très difficilement: « mais qu'est-ce qu'ils ont fait ? » « Je n'arrive pas à respirer, il faut qu'on me sorte de là ». J'ai essayé de calmer Dusan en lui disant : « Il ne faut pas trop bouger quelqu'un va venir nous aider » « Tu sais Dieu va nous aider ». Quelques minutes plus tard, 3 ou 5 minutes après l'accident j'ai vu un homme à côté de nous et il était en train de composer un numéro sur son portable. Il s'est approché de notre voiture en même temps. Je lui ai demandé tout de suite s'il avait appelé les secours. Il m'a répondu qu'il venait juste de le faire et que dans quelques instants les secours seraient là. Ce Monsieur nous a dit de ne pas trop bouger mais d'attendre les secours. Je lui ai posé également une question : « Est-ce qu'on conduit à gauche ou à droite comme en France en Belgique ? » car il m'a affirmé que les deux jeunes dans l'autre voiture étaient belges. Pendant les quelques minutes d'attente des secours, car la première voiture des pompiers a mis au moins 10 ou 15 minutes pour venir, Dusan avait essayé de pousser la porte de son côté car elle était coincée, mais il n'arrivait pas à l'ouvrir. Moi de mon côté en voyant Dusan, j'ai également essayé de pousser la porte mais elle était complètement coincée. Nous n'avions aucune possibilité de nous en sortir. Pendant tout ce temps où la souffrance et la douleur étaient insupportables pour nous deux, nous avons essayé tous les moyens possibles pour nous sortir de la voiture, mais c'était impossible. Dusan se plaignait d'avoir très froid. Moi, en voyant ma jambe gauche qui était déchirée et en train de gonfler (le volume était de deux fois de ma jambe normale) et ma cheville droite qui était coincée au plafond de la voiture et qui était tordue et retournée à 180°, j'ai commencé à penser en moi-même que mes pieds étaient "foutus". Au lieu de parler j'ai commencé à prier intérieurement et je n'ai plus rien dit jusqu'à ce que les pompiers et les ambulances arrivent. Ils sont arrivés quelques temps plus tard, tout d'abord une voiture, puis par la suite plusieurs voitures et quatre ambulances, car il n'était pas prévu en tout premier temps des voitures de désincarcération. En tout trente pompiers, quatre médecins et des gendarmes de la gendarmerie mobile de FRANCOULES.

Enfin... le secours arrive

Entre 10 ou 15 minutes après l'accident une ambulance est arrivée et tout de suite ils se sont occupés de nous. Il y avait un responsable pour chaque blessé et un médecin m'a fait une injection de morphine pour calmer un peu la douleur. On m'a dit d'enlever mon gros blouson cuir noir, qui était aspergé d'essence et était plein de débris d'éclats de verre, pour pouvoir mettre la perfusion. Ensuite ils ont dû découper ma chemise et mon pantalon pour voir les blessures. Dusan a été mis sous perfusion et on lui avait fait une injection de morphine dans sa perfusion, il a été également mis tout de suite sous respirateur, mais son état s'aggravait de plus en plus et était tel que sa tension est tombée tout de suite très bas et après deux heures voire même deux heures et demie d'attente (il fallait désincarcérer les deux Belges avant pour dégager leur voiture qui était sous la nôtre à peine dégagé) et mis dans l'ambulance il est tombé dans le coma. La gendarmerie est arrivée aussi ainsi que les pompiers ; ils ont dit qu'il fallait attendre d'autres voitures de pompiers bien équipés pour nous sortir de la voiture. Pendant la désincarcération il y avait plus de trente pompiers pour nous sortir de la voiture et ils ont mis au moins deux heures. Les pompiers nous ont dit de ne pas bouger mais d'attendre leur intervention. Comme le passager de la voiture "break" n'arrêtait pas de hurler juste après le choc jusqu'à ce qu'il soit sorti de sa voiture, les pompiers ont commencé par le sortir en premier en découpant au chalumeau le toit de la voiture et en le repoussant pour qu'ils puissent le délivrer. Le conducteur de la voiture "break" était à moitié dans le coma et de notre côté c'était Dusan qui demandait qu'on le sorte le plus vite possible. Il ne pouvait plus respirer. Mais les pompiers avaient décidé de faire sortir les deux Belges d'abord et ensuite mon ami Dusan et enfin moi après avoir attendu et enduré ma douleur pendant plus de deux heures. Je pense que les pompiers ont décidé de m'évacuer le dernier car je n'ai rien dit ni hurlé de ma douleur ni demandé à sortir tout de suite. Pendant ce temps d'attente, j'ai complètement perdu la notion du temps (heureusement pour moi) car j'ai pensé que la durée d'intervention des secours n'était que de 10 ou 15 minutes seulement. J'ai appris par la suite que les pompiers avaient un ordre logique pour sortir les blessés. Il fallait, pour nous sortir le plus entiers possible, tout d'abord sortir les belges et désincarcérer leur voiture de sous la nôtre. Ce qui permettait à la nôtre de descendre et de nous décompresser les jambes. Ensuite, jugeant que Dusan était dans un état très alarmant pire que le mien, ils ont sorti Dusan en troisième lieu, ce qui n'a pas été facile car il était complètement incarcéré dans le moteur, le tableau de bord, et il avait le volant dans l'abdomen jusqu'à la colonne vertébrale. Dusan faisait une hémorragie interne très importante dans l'abdomen qui s'est rapidement aggravée par la suite dans l'ambulance et pendant son transfert au bloc opératoire, et une hémorragie externe très importante aux jambes qui étaient fracturées de partout. C'est lorsque j'ai vu la coupure du journal « LA DEPECHE » qui relatait notre accident que j'ai su que les pompiers avaient mis 2 heures pour nous sortir de la voiture et que c'était moi le dernier sorti, qu'ils y avait 30 pompiers avec 3 gros engins de désincarcération. Je peux dire maintenant que si j'ai pu endurer une telle douleur et attendre pendant tout ce temps sans trop souffrir vraiment c'est parce que mon esprit n'était plus dans la douleur mais dans d'autres pensées, c'est grâce à Dieu qui m'a donné la force et le courage de tenir le coup à travers cette douloureuse épreuve. Je pense même que la notion du temps que j'ai perdu pendant ce moment est également l'œuvre de Dieu. Je n'arrive même pas à expliquer moi-même avec tout le recul possible comment j'ai pu rester dans la voiture pendant tout ce temps. Mais une chose est claire pour moi : la présence de mon Dieu a été mon soutien pendant tout ce temps. Je me souviens encore de la réaction du jeune secouriste du Samu qui était de mon côté quand son supérieur lui a dit de faire le nécessaire pour moi. Il était comme paralysé devant moi et ne pouvait rien faire pendant quelques minutes. Il ne pouvait que me regarder avec un air très surpris et choqué. Son supérieur l'a même « engueulé » de sa réaction et de sa lenteur. J'ai essayé de le rassurer que ce n'était pas grave car je comprenais bien sa réaction et son émotion. Pendant ce temps les secouristes ont pu évacuer les deux Belges et, au moment où ils allaient sortir Dusan le médecin m'a dit qu'après se serait mon tour. Ils ont augmenté, je pense, le taux de la morphine et après quelques secondes, le trou noir...

Le réveil à l'Hôpital

Quand je me suis réveillé quelques heures après à l'hôpital de CAHORS, je ne savais pas encore combien de temps j'avais passé au bloc opératoire. J'étais déjà sur le brancard et une dame souriante me parlait en poussant doucement le lit. Elle m'a emmené vers l'ascenseur et nous sommes arrivé dans une chambre où tout le monde était déjà là : Géraldine avec ma mère, ma belle-mère, Fabienne ma belle-sœur, Régine la femme de mon ami Dusan, Jean-Paul un ami de la famille...et Doru un ami Roumain de Dusan. Je n'étais pas encore bien réveillé, mais la première chose que j'ai demandée était de savoir comment allait mon ami Dusan et l'heure qu'il était. En ce qui concerne ma première question personne ne m'a répondu. J'ai donc pensé qu'il n'était pas loin de moi et que son état n'était pas trop grave. Pour la deuxième question on m'a dit qu'il était 20h du soir. J'étais vraiment surpris car pour moi j'étais passé de 10h du matin à 20h du soir et entre les deux il y avait un trou noir complet dans ma tête. Je ne me souvenais de rien. Le médecin m'avait expliqué après que je venais de passer 8 heures au bloc opératoire. Ce soir-là la famille était restée quelques temps avec moi et ils sont partis sur Toulouse. Mon état physique était impressionnant car j'avais des tuyaux partout : sur la cheville droite de deux côtés, sur la hanche gauche, sur la jambe gauche au-dessus et au-dessous du genou, sur le bras gauche et droit... Cette nuit-là je ne me souviens plus si j'ai pu dormir ou non, ce n'était pas trop à cause de la douleur car l'effet de l'anesthésie était encore là mais c'était à cause de mon état physique qui était vraiment nouveau et « bizarre » pour moi. En plus de tout cela j'avais envie de boire et de manger mais malheureusement je n'avais pas le droit. Ce n'était pas réellement la faim, mais la sensation de goûter quelques choses car mon dernier repas datait de la veille de notre départ (je n'ai pas pris le petit déjeuner le matin du jour de l'accident). Pendant la nuit j'entendais un bruit et quelqu'un qui criait et hurlait même en appelant le personnel de garde et cette voix ne m'était pas étrangère. Il s'agissait du jeune Belge qui continuait à hurler et à déranger tout le monde. L'infirmière est allé plusieurs fois pour le calmer et à un moment donné j'ai entendu les infirmières et le médecin chuchoter : « augmente-lui encore en peu plus la dose de morphine pour le calmer ». Je pense que pendant les trois nuits que j'ai passées à l'Hôpital de Cahors l'ambiance étaient sensiblement la même. C'est le lendemain matin de mon arrivée à l'Hôpital que j'ai entendu le personnel en train de discuter dans le couloir. Ils parlaient d'une personne qui était décédée la veille au soir suite à notre accident. Dans ma tête je pensais tout de suite à l'autre Belge qui était tombé dans le coma. Et quand le médecin qui m'avait opéré est venu me voir pour m'expliquer tout ce qu'il avait fait pendant l'opération il m'a dit qu'il était désolé de ne pas avoir pu récupérer mon pied. Il m'a demandé également si j'étais au courant de la situation de mon ami Dusan. Je lui ai dit que je savais qu'il était là et que je pensais qu'il allait bien car en partant de la voiture il était encore conscient. Je lui ai dit aussi que je venais d'entendre le personnel discuter dans le couloir de quelqu'un qui était décédé mais que pour moi il s'agissait plutôt de celui qui était dans la voiture des Belges. Le médecin m'a répondu : « Mais vous, vous étiez dans quelle voiture ? » « J'étais dans la voiture Van ». Alors il a pris un visage grave et il m'a dit doucement : « Oui quelqu'un est décédé et c'est le chauffeur du van». Il y avait comme une boule qui montait dans ma gorge qui m'étouffait et j'ai dit : « C'est Dusan ! Il est mort ! ». J'ai pleuré un moment car je ne pensais pas du tout à la mort de Dusan, ni dans la voiture ni à l'Hôpital. Je peux dire également que pendant cet accident je n'ai jamais pensé à la mort, ni à ma mort ni à celle de mon ami, et même à la mort du conducteur Belge avant que j'aie entendu la conversation dans le couloir. Nous n'avions jamais pensé ni l'un ni l'autre à la mort, pas une seule fois. Je ne sais pas pourquoi ? Est-ce que je n'avais pas le temps pour y penser ou Dieu a-t-il enlevé cette idée de ma tête, ou la mort n'était-elle pas pour moi une chose à craindre ? Pour le moment je n'ai pas une réponse mais ce que je sais, c'est que Dieu m'a donné une autre façon de voir la mort et la peur de la mort a été changée en espérance de vie avec Jésus-Christ. Dans ma vie professionnelle en tant que pasteur, j'ai souvent parlé de la mort physique et de l'espérance que les chrétiens ont en Jésus-Christ pour la vie après la mort que la Bible appelle « La vie éternelle ». Tout ce que je savais c'est que Dusan, mon ami, mon frère dans la foi a été pris par le Seigneur Lui-même, dans ses bras et qu'il est là-haut auprès de son Seigneur qu'il a aimé pendant toute sa vie ici-bas et qu'il est vivant et chante les louanges de son Dieu auprès de qui il est maintenant et qu'il voit face à face. A ce moment de l'accident c'était à mon tour de vivre en « réalité » cette espérance et assurance et je pense que cela m'a beaucoup aidé et encouragé. Après avoir vécu ce moment d'émotion intense ce matin-là, vers 9 heures j'ai reçu un coup de téléphone de la part de mon ami Eric venant de l'Ile de la Réunion. Dusan, Eric et moi étions les trois mousquetaires inséparables. Ce coup de téléphone m'a fait beaucoup du bien et quand Eric m'a dit qu'il allait venir dès le lendemain quittant son travail pour venir nous voir cette annonce m'a surpris mais en même temps je n'étais pas trop étonné connaissant Eric. Eric est un ami de longue date. Je l'ai connu en arrivant à Toulouse en 1996 dans l'église où j'ai effectué mon stage pastoral. Notre amitié s'est renforcée au fil du temps et il est devenu comme un frère pour moi. Je suis toujours admiratif de l'engagement et du sens du devoir de ce frère et en tant que son ancien pasteur je loue et je remercie le Seigneur d'avoir donné Eric à son Eglise. L'arrivée d'Eric nous a beaucoup aidés en réconfort et exhortation, et sur le plan administratif. En tant qu'avocat, Eric nous a beaucoup conseillés pour toutes les démarches à faire en ce qui concerne les contacts avec les assurances. Eric est reparti sur L'Ile de la Réunion une semaine après mais sa présence fut une bénédiction pour nous et je voudrais encore remercier le Seigneur pour cela.

Le transfert vers Toulouse

Après avoir passé trois jours à l'Hôpital de Cahors on m'a transféré à la Clinique des Cèdres suite à la demande de ma famille car le déplacement était difficile pour tout le monde et je voulais être tout près de ma famille. La recherche était un peu difficile au début car nous n'avons pas trouvé de place libre ni à l'Hôpital de Purpan ni à l'Hôpital de Rangueil. Un frère d'une église qui travaille à la Clinique des Cèdres a pu contacter les responsables et a expliqué mon cas et ils ont accepté de me prendre dans leur établissement. Je suis arrivé à la Clinique des Cèdres le vendredi 15 février 2002 l'après-midi et je suis resté dans le service chirurgie jusqu'au dimanche soir. Il est à noter que la CLINIQUE DES CEDRES est l'une des cliniques de France les plus réputées et les plus « au top » pour la rééducation fonctionnelle. Le lundi 18 on m'a transféré dans le service de la rééducation fonctionnelle et j'ai commencé la rééducation effective le jeudi 21 février 2002.

Dimanche 17-02-02:
C'est mon premier dimanche sans ma famille et c'est la première fois également que j'ai fait mon « culte » personnel. Comme j'ai déjà l'habitude de

le faire, à savoir : lecture de la Bible et méditation tous les matins, c'est en fait la première fois après mon accident que je peux le faire sur mon lit d'Hôpital. D'habitude nous utilisons (car à la maison je fais la lecture avec ma femme) la liste de lecture proposée par la ligue pour la lecture de la Bible, et cette année j'ai décidé de prendre la « Bonne Semence » en langue malgache pour moi plus celle que nous avons en français. Ce dimanche le psaume proposé est le *Psaume 91*. Je connais déjà ce psaume mais ce matin-là j'étais convaincu que Dieu voulait me parler personnellement. Ce psaume est une prière de Moïse qui nous montre sa confiance en Dieu, sa « forteresse » et son « refuge ». En lisant les versets 15 et 16 :

« S'il m'appelle au secours, je lui répondrai. Je serai à ses côtés dans la détresse, je le délivrerai, je lui rendrai son honneur. Je lui donnerai une vie longue et pleine, et je lui ferai voir que je suis son sauveur. »

Tout le moment que j'ai vécu dans l'attente des secours, dans la voiture m'est revenu dans la tête. Cette parole de Dieu m'a confirmé tout ce que j'ai vécu quand j'ai crié à Dieu pour m'aider. Il m'a répondu qu'il était vraiment à mes côtés et à ceux de mon ami dans notre détresse. C'est grâce à Lui que je suis sorti vivant. Je sais également qu'il est venu Lui-même chercher Dusan, qu'Il l'a pris dans ses bras et l'a emporté avec LUI au ciel et que mon ami contemple maintenant face à face ce Sauveur qu'il a toujours aimé, qu'il ne souffre plus, et qu'il est heureux pour toujours. La fin de cette parole est très importante pour moi car c'est une sorte de promesse. Cette promesse confirme de nouveau l'appel que le Seigneur m'a adressé pour l'annonce de sa Bonne Nouvelle et l'avancement de son Royaume. Je prendrai personnellement pour moi ainsi que dans ce ministère que Dieu va m'accorder, « une vie longue et pleine » pour le servir. Je crois que si Dieu a épargné ma vie dans cet accident c'est pour que je puisse continuer à le servir et rendre témoignage de tout ce qu'il a fait auparavant, maintenant et fera plus tard pour moi et à travers moi. Je suis là en témoignage vivant, pour démontrer à tout le monde que malgré cet accident, qui est une pure « bêtise » humaine, Dieu peut utiliser toutes les circonstances, bonnes ou mauvaises afin de montrer sa gloire. Je me rappelle l'histoire de Job dans la Bible et les réactions de ses amis ainsi que la fin de son histoire. Il ne me viendrait pas à l'idée de me comparer personnellement à Job, loin de cela, mais le dimanche précédent mon accident, la prédication donnée dans l'église où j'étais concernait l'histoire de Job ; je pense que d'une certaine façon Dieu m'avait déjà préparé. Nous pouvons dire qu'il y a trop de « coïncidences » ou de « hasards » dans tout cela, mais moi personnellement en tant que chrétien je crois que Dieu a utilisé toute chose pour me montrer que *rien* ne lui échappe dans toute cette histoire. Cela me rappelle encore la parole de la Bible disant :

« Nous savons que Dieu travaille en tout pour le bien de ceux qui l'aiment, de ceux qu'il a appelés selon son plan ».

Cela me montre que Dieu peut utiliser tous les événements, même ceux que nous pensons les plus mauvais, pour notre bien. Dans mon propre cas, quel est le bien que Dieu m'a montré ou donné après mon accident ? N'est-ce pas le contraire du bien que je suis en train de vivre en ce moment difficile ? Je me rappelle la phrase que j'ai dite à ma femme quand je l'ai eue au téléphone juste après mon accident. Je lui ai dit que *nous ne savions pas encore maintenant quel bien Dieu allait nous donner et montrer, mais que j'étais convaincu selon sa Parole que toute chose qui se passe ne lui échappe pas et s'il permet que ça arrive il veut me montrer quelque chose et seulement pour sa gloire.* Je reviens à l'histoire de Job, car la conclusion de cette prédication résonne encore dans ma tête. Ce dimanche-là le prédicateur nous a rappelé qu'il y avait trois réactions distinctes des amis de

Job. Les deux premières sont des réactions "normales" que nous pouvons tous avoir, à savoir que s'il arrive quelque chose de mauvais à une personne, c'est qu'elle a péché ou qu'elle a fauté. La solution : il faut demander pardon à Dieu. Ce point de vue était connu de tout le monde surtout des Hébreux à leur époque : le principe de la rétribution. Le bien correspond au bonheur et le mal au malheur, c'est-à-dire que si tu as du malheur dans ta vie tu as forcément fait le mal, et par voie de conséquence Dieu te punit. En revanche, pour ceux qui pratiquent le bien Dieu les comble de bonheur. Et dans la société primitive juive la richesse matérielle ainsi que spirituelle, le bonheur, était la marque de la bénédiction de Dieu. Ou bien, s'il t'arrive un malheur c'est que Dieu veut « éprouver » ou « tester » ta foi et ta confiance en lui. Ces deux raisonnements ont été utilisé par les amis de Job, mais l'histoire nous montre que, premièrement, Job n'était pas puni par Dieu parce qu'il avait péché ou qu'il avait fait quelques fautes. La parole de Dieu est très claire à ce sujet. Elle nous montre Job tel un homme *intègre, irréprochable, droit, fidèle à Dieu et se tenant à l'écart du mal*. Deuxièmement, le malheur qui s'est abattu sur Job ne vient pas de Dieu directement. La Bible nous confirme que « *Dieu ne peut pas être tenté par le mal, et il ne tente lui-même personne* ». Le Dieu de la Bible n'est pas non plus un Dieu « sadique » qui a besoin de faire souffrir ses enfants en leur infligeant toutes sortes de malheur pour tester leur confiance en lui. Le Dieu de la Bible est un Dieu d'amour et de compassion et qui cherche toujours le bien de ses enfants. Les malheurs, les souffrances, les guerres et que sais-je encore dans ce monde ne viennent pas de Dieu mais ce sont les conséquences du péché et la rupture de notre relation avec Dieu. La Bible dit que c'est « Satan » c'est-à-dire l'accusateur, le diable qui est le père du mensonge et il utilise les mauvais désirs de ce monde pour nous dominer et nous réduire en esclavage. La troisième et la vraie solution à la souffrance de Job, « le juste souffrant » est la solution que Dieu lui-même lui a donnée. Si Job souffre ce n'est pas qu'il a péché ou que Dieu veuille tester et éprouver sa foi mais pour que dans l'état où il est, Dieu manifeste sa gloire. Par cela Dieu a voulu prouver que Job était capable de le louer non parce que Dieu l'a couvert de bénédictions, mais uniquement parce qu'il a foi et confiance en Lui. Job a prouvé qu'il était capable de louer Dieu en toutes circonstances même s'il ne comprenait pas pourquoi il avait à souffrir. Malgré tout, Job est resté fidèle à son Dieu. Dieu utilise le malheur de Job, si on peut dire ainsi, pour lui montrer sa gloire et son plan pour lui. Tout le mal que Satan a utilisé contre JOB pour faire vaciller sa foi et sa confiance en son Dieu, Dieu l'a utilisé pour renforcer sa foi et pour lui montrer que rien ne lui échappe. Job lui-même affirme que :

« Le Seigneur a donné, le Seigneur a repris. Je n'ai qu'à remercier le Seigneur ».

Quelle déclaration et confession de foi ! Après avoir vécu son expérience avec son Dieu il affirme de nouveau :

« Je ne savais de toi que ce qu'on m'avait dit, mais maintenant, c'est de mes yeux que je t'ai vu ».

Pour moi personnellement, j'ai beaucoup entendu parler des expériences et des témoignages des chrétiens en ce qui concerne leur relation avec Dieu, et moi-même j'ai vécu quelques expériences que je qualifierai de « minimes » par rapport à celles que Job a vécues. Je ne doutais pas non plus de la présence, du soutien et du réconfort de Dieu dans ma vie quotidienne, mais cette fois-ci je peux dire que je l'ai réellement vécue « en direct » (ou in live).

Ce dimanche matin sur mon lit d'Hôpital, j'ai essayé de rattraper les lectures que je n'ai pu faire depuis le 13 février. J'ai pris la « bonne semence » en langue malgache et la lecture de ce jour était :
« Soyez toujours joyeux d'être unis au Seigneur »

« Gardons les yeux fixés sur Jésus, dont notre foi dépend du commencement à la fin. Il a supporté qu'on le fasse mourir sur la croix, sans tenir compte de la honte attachée à une telle mort (...) »

Et le titre de la petite réflexion en suite de cette lecture est : « *Sambatra ka maneho izany* », c'est-à-dire « *Heureux et on le montre* ». J'ai souligné quelques phrases qui m'ont frappé, comme je fais d'habitude dans ma lecture. Deux phrases m'ont vraiment parlé ce matin car elles sont en relation directe avec mon accident :

« *Ne laissons pas notre foi se laisser diminuer par le poids des événements qui arrivent* ». « *Ce ne sont pas les difficultés et les épreuves passagères que nous vivons qui pourront nous enlever notre joie en tant que chrétiens, mais le manque ou l'insuffisance de notre relation avec le Seigneur* ».

J'ai pu également assister au culte retransmis à la télévision ce matin. Le thème du culte était « La triple tentation du Christ » selon Mt 4 : 1ss. J'ai noté quelques phrases sur une petite feuille : « *Dans le désert Jésus-Christ avait le choix de rester fidèle dans la mission que Dieu lui a confié, ou de changer* ». Il est vrai que, et surtout dans les moments difficiles, nous devons accorder plus de confiance à Dieu, nous remettre entièrement entre ses bras comme un enfant dans les bras de sa mère, et l'exemple du Christ est le vrai modèle pour nous. Je me rappelle encore le premier coup de fil de mon pasteur à Madagascar quand je l'ai eu au téléphone quelques mois après mon accident. Il m'a surtout demandé comment j'étais spirituellement, si j'avais toujours ma foi en Dieu. Est-ce que je n'avais pas renié Dieu après tout ce que j'avais vécu ? Et ainsi de suite... L'histoire de Jésus nous montre que contrairement à ce qu'on aurait pu penser, cette « tentation » a renforcé sa foi et sa détermination dans la mission que Dieu lui avait confiée. Je peux affirmer également que cet accident m'a donné encore plus envie d'aller de l'avant pour annoncer la Bonne Nouvelle de Jésus-Christ, car j'ai vu dans cet accident que nous ne sommes pas du tout maîtres de notre avenir et que tout peut arriver et basculer en l'espace de quelques secondes. Comme la parole de Dieu dit : « *La fin de toutes choses est proche. Vivez d'une manière raisonnable et ayez l'esprit éveillé afin de pouvoir prier* ». « *Puisque le Christ a souffert physiquement, fortifiez-vous aussi dans la même disposition d'esprit; car celui qui supporte des souffrances physiques en a fini avec le péché. Dès maintenant, vous devez donc vivre le reste de votre vie terrestre selon la volonté de Dieu et non selon les désirs humains* ». « *Le monde est en train de passer, ainsi que tout ce que les hommes trouvent à y désirer; mais celui qui fait ce que Dieu veut vit pour toujours* ». « *Faites un bon usage de toute occasion qui se présente à vous, car les jours que nous vivons sont mauvais.* »

D'autres lectures de l'éphéméride de cette semaine de l'accident m'ont beaucoup interpellé. Mais je voudrais souligner seulement les titres de ces réflexions :

Le jeudi 14 février: « Mort jusqu'à quand ? » Lecture I Cor 15 : 3-4, Jn 11 : 25. En relation avec la mort de mon ami Dusan suite à cet accident. Quel réconfort et quelle espérance pour moi de savoir qu'il est avec le Seigneur.
Le vendredi 15 février: « Dieu parle-t-il ? » Lecture Ps 19 : 1, 3 ; II Pie 1 : 21. Oui Dieu parle dans tous les événements. L'univers nous montre l'existence de Dieu Créateur et Il s'est révélé et s'est manifesté en son Fils Jésus-Christ en venant sur terre pour nous sauver.
Le samedi 15 février: « Que la gloire revienne seulement à Dieu ! » Lecture I Cor 4 : 7 ; Lc 10 : 20.

Lundi 18-02-02 :
Tôt le matin les infirmières sont venues me voir pour me dire que c'était aujourd'hui que le médecin avait décidé de me transférer dans le service de la rééducation fonctionnelle, et qu'à partir du mercredi 20 je commencerai doucement la rééducation proprement dite.

La lecture de la Bible que j'ai eu ce matin revient de nouveau au thème du « serviteur » Mc 10 : 43-45. J'ai noté dans mon petit fichier que « *quand le Seigneur nous donne 'le choix' entre être bien en tout et le servir, Il nous pousse plus à prendre ce dernier choix, à son modèle, à sa suite, c'est-à-dire devenir un humble serviteur* ».

Je pense que le Seigneur est en train de me dire que j'ai besoin de beaucoup d'humilité et de patience dans tout ce que je vais vivre pendant ces longs moments avec Lui. Jésus-Christ lui-même a donné l'exemple par le lavement des pieds de ses disciples. Il dit : « *la dernière place est la meilleure* » (pas évident pour nous bien sûr !). Cette place est toujours la place la plus proche des gens et c'est la seule place dans laquelle nous pouvons vraiment avancer le plus rapidement possible dans « l'imitation de la vie de Jésus-Christ ».

J'ai passé la journée de mardi comme d'habitude : réveil vers 6 heures du matin pour prendre la température et le pouls, vers 8 heures le petit déjeuner suivi de la toilette qui était un moment un peu difficile pour moi. Comme je ne pouvais même pas trop bouger, mon corps était totalement dépendant des personnes qui venaient pour me laver. C'était également une leçon d'humilité ainsi que dit plus haut. J'avoue que, au début, j'ai essayé de le faire par moi-même, c'est une question d'orgueil forcement, mais cela m'était impossible et la force me manquait. Je pense que c'est la première forme d'humilité et d'acceptation de la réalité que j'ai dû accepter. Moi qui suis un vrai sportif, qui fais mon jogging de 30 km par semaine, qui prends ma douche tout seul au moins deux fois par jour, me voici réduit telle une masse inerte, sans pouvoir bouger, à la merci et dépendance des autres pour tout, même pour aller aux toilettes. La visite du médecin est juste avant le repas du midi vers 12 heures. Vers 1 heure et ½ les agents de service passent déjà pour ramasser le plateau. L'après-midi est plus tranquille mais c'est à ce moment-là que se passe la plupart des visites familiales. Ma femme a dû organiser et limiter les visites, pas forcément pour ma tranquillité car j'ai bien apprécié les visites mais surtout en fonction des horaires de soins du personnel hospitalier. Nous prenons tôt le repas du soir vers 6 heures et ½ . Pour moi qui ai l'habitude de le prendre un peu plus tard à la maison (entre 20-21 heures) j'ai dû m'adapter à un nouveau rythme. Je suis déjà au lit (au début j'étais toujours sur le lit bien sûr), vers 19 ou 20 heures. L'agent de service qui distribue la tisane du soir passe vers 21 heures et le moment tant attendu vers 21 heures ½ : l'injection d'anticoagulant pendant les 4 mois d'hospitalisation plus deux mois en tant que demi pensionnaire. J'ai le tour du nombril bleu à force d'être perforé. Cela fait partie aussi de ma « formation » dans cette vie d'humilité et de patience. Plus nous avançons dans la vie et les épreuves de la vie, plus nous apprenons la patience et l'humilité…

Le début de la rééducation

J'ai été informé du début de la rééducation pour la date du mercredi 20 février. Je jouais les dilettantes dans mon lit, mais maintenant il fallait tout faire pour gagner la partie… Le travail sérieux commençait…

Comme je ne pouvais pas bouger de mon lit, le matin vers 9 heures un brancardier est venu me prendre pour me conduire dans la salle de rééducation. Je suis donc venu sur mon lit d'hôpital à roulettes pour faire le début de ma rééducation.

En arrivant dans la salle j'ai dû attendre quelques minutes car le kinésithérapeute qui devait s'occuper de moi était encore occupé. Le brancardier m'a laissé dans un petit coin de la salle en me disant qu'il allait me reprendre vers 11 heures et 1/2. Quelques minutes plus tard un kiné est venu vers moi me disant que mon kiné allait arriver car il était allé surveiller les autres patients qui étaient à la piscine ce matin-là...

Enfin le kiné qui m'était attitré est arrivé et après les présentations nous avons regardé ensemble mon programme pour le début de ma rééducation. Déjà, le nombre d'heures que je devais passer à la salle de rééducation m'a frappé d'emblée. Je devais descendre (la salle de sport était au rez-de-chaussée et ma chambre était au 3e étage) à 9h30' le matin jusqu'à midi, et revenir l'après-midi à 13h30' pour finir à 17h, c'est-à-dire entre 5 et 6 heures de rééducation par jour.

Au début comme je ne pouvais pas bouger de mon lit, mon kiné m'a fait faire des exercices de musculations pour les bras en vue de l'utilisation du fauteuil roulant pour plus tard. L'objectif était de pouvoir passer sur le fauteuil roulant au bout d'une semaine. Quel optimisme de notre part !

Quelques jours après, 3 ou 4 je ne me souviens plus très bien, le kiné m'a dit que j'avais bien travaillé et que je pouvais avoir maintenant le fauteuil. J'étais content de moi et de mes efforts car j'avais vraiment beaucoup travaillé pour en arriver à ce résultat. Je sais que le travail de mon kiné n'était pas non plus négligeable.

A partir de ce moment-là j'allais être plus libre et indépendant dans mes mouvements et mes déplacements car dorénavant j'allais venir tout seul dans la salle de rééducation. L'ambiance dans la salle de sport était sympathique ; il y avait de temps en temps quelques pleurs de découragement ou quelques cris de douleur et des crises de nerfs.

Je me suis habitué vite avec le rythme de la rééducation et j'ai pu faire connaissance avec tout le monde au bout d'une semaine. De temps en temps au moment des exercices j'ai pu également discuter de mon accident avec les amis.

En tant que chrétien, pendant ces discussions, j'ai aussi eu des moments où j'ai pu témoigner de ma foi et de ce que Dieu a fait pour moi. Je n'ai pas non plus caché mon appartenance à Dieu et mon travail en tant que pasteur quand quelqu'un me le demandait

Le premier retour en fin de semaine à la maison

Après avoir passé tout seul ma fin de semaine, les autorités médicales m'ont accordé le privilège de passer ma deuxième fin de semaine chez moi avec ma petite famille. En général la première sortie est seulement une journée, c'est-à-dire le dimanche de 9h à 20h le soir. C'est à partir de la deuxième sortie qu'on nous donne l'autorisation de sortir le samedi à 14h jusqu'au dimanche soir à 20h. Dans mon cas grâce à la gentillesse et la souplesse des responsables on m'a accordé de passer mon week-end du samedi après-midi au dimanche soir avec ma famille. Au début de la semaine

Géraldine avait déjà contacté l'ambulance qui allait m'emmener à la maison ce samedi. Comme j'étais encore sur le fauteuil roulant, j'étais obligé de m'allonger dans la voiture car je ne pouvais pas encore m'asseoir. Notre appartement se trouvant au 3ème étage et malheureusement sans ascenseur, et je voyais déjà les difficultés que nous allions surmonter pour la montée et la descente des escaliers. On ne s'imagine pas ce genre de « montagne » quand tout va bien… Maintenant je me rends compte de la hantise des handicapés à la vue d'un escalier… En tout cas nous avions prévenu les ambulanciers de tout cela.

Le samedi après-midi arrive et vers 14h l'infirmière est venue me voir en apportant le petit sachet de médicaments ainsi que la « fameuse » piqûre au ventre du soir. Après avoir expliqué les conditions de sortie, à savoir le respect des heures de sortie et de retour, l'infirmière m'a souhaité de passer une bonne fin de semaine avec ma famille.

Quelques minutes après les ambulanciers sont arrivées et ils m'ont accompagné jusque dans la voiture. Ils m'ont installé derrière et nous sommes partis pour Balma.

Notre immeuble se trouve à peu près à 25 Km de la Clinique, et pendant le trajet, j'ai eu un petit problème. En effet, généralement je ne supporte pas de voyager derrière en voiture et surtout si je ne vois pas la route devant. C'est un problème que j'ai depuis mon enfance et quand je voyage en voiture je demande toujours à m'asseoir devant ou au minimum qu'on me donne un peu d'air ou que je puisse voir en face. Ce samedi-là j'avais des nausées durant le trajet, accentuées par les quelques virages qui accentuaient le trajet. Le chauffeur s'est arrêté un moment pour que je puisse prendre un peu d'air et nous avons continué la route avec les vitres grandes ouvertes derrière. Nous sommes bien arrivés quelques minutes après malgré ce petit incident. Pour me faire monter dans l'appartement il y avait deux solutions : soit on me prenait en dehors du fauteuil, soit on me prenait avec le fauteuil. Ce dernier système était un peu compliqué mais nous avions fini par l'adopter car les deux ambulanciers, homme et femme, n'étaient pas assez costauds pour me prendre dans les bras. Ils ont commencé donc à me faire monter au 3ème étage l'un poussait par derrière le fauteuil et l'autre tirait le fauteuil par devant. Ce fut un travail de titan musclé, je peux l'affirmer surtout pour la montée car la descente était un peu plus facile. Au bout de quelques minutes nous étions enfin arrivés au 3ème étage et en entrant dans l'appartement tout le monde était déjà là. On m'a installé directement sur le grand canapé du salon pour faciliter mon déplacement.

En ce qui concerne le déplacement dans l'appartement des modifications de disposition de meubles ont été faites et j'étais obligé d'utiliser le fauteuil et comme le couloir de la maison est trop juste pour faire passer mon nouveau « bolide » j'ai eu quelques problèmes de conduite. A ce moment-là je ne pouvais même pas poser mon pied droit par terre à cause de la fracture à la cheville car il me fallait 45 jours après l'opération pour pouvoir le faire. Tous les déplacements étaient donc en fauteuil. Dans le couloir j'avais trouvé l'astuce de la chaise roulante de mon bureau. J'ai amélioré petit-à-petit mon déplacement avec le fauteuil au bout de quelques semaines. Les retours à la maison étaient une joie pour tout le monde surtout pour les enfants.

Avant mon accident, j'avais l'habitude de rester avec les enfants le soir, car Géraldine travaillait le soir, et le petit Romain s'endormait souvent sur moi sur le grand canapé. Deux jours avant l'accident, le dimanche, nous fêtions tous avec Régine et Dusan l'anniversaire de Géraldine et les un an de Romain. C'était la dernière fois que nous avions fait la fête ensemble. Nous avons l'habitude maintenant de fêter ensemble ces deux fêtes le même jour.

Quand j'ai eu mon accident Romain n'avait que 1 an, la coupure et la séparation brusque l'ont perturbé un peu.

Quatre mois après j'étais un peu « bizarre » quelque fois irascible car il ne m'était pas facile de supporter mon état alors que la dernière fois où j'étais à la maison je pouvais librement tout faire… J'avais du mal à accepter d'être obligé de dépendre toujours de l'aide de mes proches dans ma propre maison. J'ai un petit peu perdu les repères. J'étais content mais je me sentais un peu désorienté quand même. L'après-midi était vite passé et je n'ai même pas vu le temps passé. Ma première nuit dans mon propre lit n'était pas comme d'habitude car j'avais l'habitude de bien dormir dans mon lit. Je ne sais pas si c'est à cause de mon état de l'absence de 4 mois mais j'ai eu du mal à m'endormir cette nuit-là.

Après ma piqûre au ventre faite par ma tendre femme cette fois-ci, nous avons fait comme d'habitude la lecture du soir. C'était ma première lecture faite ensemble avec Géraldine après mon accident. Je ne me souviens plus très bien des sujets de prières de ce soir- là, mais une seule chose était évidente pour nous deux : nous sommes restés un peu plus longtemps dans la prière de remerciement et d'adoration. Le dimanche matin nous avons fait en famille le culte car à cause de mon état mon déplacement pour aller à l'église n'était pas possible. Lorsque le dimanche soir est arrivé, le temps de retourner à la clinique, c'était vraiment dur pour moi de quitter tout le monde. Vers 19h 30', l'ambulance est arrivée et tout le monde s'est séparé. Pour les enfants c'était très dur.

Le rythme de la rééducation et l'évolution de mon état

Comme mentionné plus haut, auparavant le rythme de ma rééducation variait entre 5h et 6h par jour. Au début ne serait-ce que le fait de penser à cette durée me faisait un petit peu peur. Je me suis demandé : qu'est-ce que tu vas faire pendant tout ce temps ? Quand j'ai commencé à marcher avec les deux cannes anglaises, à peu près 1 mois et demi après mon accident, je me sentais un peu plus indépendant car je pouvais me déplacer seul et en plus avec l'aide de mon pied droit, puisque maintenant je pouvais poser le pied droit.

Mon rythme de travail était un peu strict car je ne voulais pas laisser un seul moment perdu à ne rien faire. Dans ma tête mon objectif était de quitter la Clinique et d'en finir le plus vite possible avec la rééducation et de retourner chez moi.

Le programme est le suivant :
Je descends donc le matin dans la salle de sport à 9h 30'. En arrivant, comme tout le monde, je prends le drap que je vais utiliser pour la journée. En général je commence par la musculation de mes jambes. Les exercices durent entre 15-20 minutes. Je fais également des étirements pour ma cheville droite pour retrouver la souplesse nécessaire à la marche. J'utilise également les électrodes (stimulateurs électriques) pour stimuler et muscler les jambes. La matinée se termine vers midi et nous reprenons à 1 heure l'après-midi. Je consacre plus de temps l'après-midi pour apprendre à marcher et à acquérir tous les gestes (que j'ai perdu schématiquement dans ma tête) pour la marche. C'était le moment le plus difficile pour moi car après être resté sans marcher pendant des mois il est très difficile de réapprendre tout comme un petit bébé qui commence à marcher. Quelque fois je suis

tombé, même en me levant d'une chaise, car j'avais un membre fantôme. Mon cerveau n'était pas encore habitué à ma modification physique. Quand j'ai commencé à utiliser le fauteuil roulant, j'ai dû faire également des exercices musculaires pour mes bras car j'utilisais plus les bras pour les déplacements en fauteuil. Je me suis un peu amusé au début avec le fauteuil roulant car je me sentais un peu comme un conducteur de voiture. Avec les autres patients ça nous arrivait de temps en temps de faire une petite « course » en fauteuil roulant pour savoir qui était le plus rapide et faire quelques démonstrations d'équilibre. Cela nous faisait passer un peu le temps entre les exercices. J'ai eu un petit problème de cicatrisation pour le moignon et j'ai dû attendre quelques mois pour la prothèse provisoire. Après le fauteuil roulant je suis passé aux cannes anglaises (béquilles). Au début c'était nouveau pour moi de pouvoir marcher avec mon pied même si c'était seulement avec le pied droit au début. Mon problème était la douleur au niveau de ma cheville qui était fracturée et j'étais obligé de marcher sans trop appuyer sur le pied. J'étais content quand même car c'était une étape dans ma rééducation.

C'était en fin de mois d'avril que j'ai reçu ma première prothèse provisoire. A ce moment-là le moignon était encore gonflé et la sensation au niveau de la cicatrice était encore difficile. Le but du travail était de retrouver l'équilibre ainsi que la sensation au niveau de la marche. J'ai changé trois fois de prothèses provisoires à cause de la diminution de la taille du moignon jusqu'à la prothèse définitive. Quand je rentrais à la maison le week-end avec ma prothèse provisoire tout le monde me surnommait « robot cup » car je ressemblais à un star de cinéma qui a joué un rôle d'un « flic » à moitié robot et à moitié homme suite à un accident qu'il a subit dans son travail.

L'évolution de la marche se faisait d'étape en étape et quelque fois j'avais l'impression que je n'avançais plus. Cette partie de ma rééducation m'a donné une réelle leçon de patience car il y a des moments où je voulais aller plus vite que mes pieds. La patience et l'endurance étaient ma devise à cette période-là. L'autre aspect de ma rééducation était la relation que j'avais avec les autres patients et avec le personnel soignant. En ce qui concerne les autres patients, j'ai constaté que la motivation et le courage pour la rééducation n'est pas le même pour tout le monde selon la gravité du handicap et également selon le moral du patient. Il y a des patients avec des « problèmes simples » comme une fracture au genou qui se lamentaient énormément de leur sort et qui restaient pas mal de temps à la Clinique à cause du manque de motivation ou peut-être à cause du moral. Mais j'ai vu aussi d'autres patients qui ont subi de graves accidents qui se sont battus pour s'en sortir et ces amis-là m'ont beaucoup aidé dans ma rééducation car moi aussi j'ai pensé que j'avais plus de problèmes par rapport aux autres. Je voudrais seulement citer mon ami Samy parmi les autres qui a eu un accident de vélomoteur et a perdu ses deux jambes suite à cet accident. Son état est plus grave que le mien car il a deux prothèses pour marcher. A mon arrivée à la Clinique Samy était là depuis un an et à ma sortie, c'est-à-dire neuf mois après il était toujours à la Clinique mais sa motivation et sa patience m'ont vraiment encouragé car je me suis dit, si Samy, avec tout ce qu'il a, continue la rééducation et fait tout pour pouvoir marcher comme il faut, à plus forte raison je dois tout faire pour m'en sortir car les handicaps que j'ai sont vraiment minimes par rapport à ce qu'il a. Quel encouragement pour moi d'aller de l'avant !

Et neuf mois après... comme une naissance

La fin de ma rééducation à la Clinique des Cèdres était le 18 novembre 2002, c'est-à-dire neuf mois exactement après le début de la rééducation. Même si je ne vais pas parler d'une naissance proprement dite je peux dire quand même que neuf mois après ma rééducation je suis comme quelqu'un qui vient de naître. Une naissance dans ma nouvelle façon de vivre avec ma prothèse de tous les jours et surtout une naissance physique après avoir subi tout ce que j'ai eu sur mon corps. Je suis maintenant comme un enfant qui commence et qui découvre la joie de marcher comme avant et je remercie vraiment Dieu de m'avoir aidé et soutenu pendant ces moments difficiles. Au niveau de la marche je peux marcher exactement comme avant grâce à ma prothèse et je recommence maintenant à faire du sport même si ce ne pas encore comme avant. Je m'adapte petit-à-petit à mon nouveau rythme de vie quotidienne...

Et la vie continue...

Cela fait quelques temps que j'ai repris mes activités normales. Dans mon travail en tant qu'évangéliste je fais pas mal de déplacements et des visites. A un an de mon accident je suis arrivé à assumer mon travail à peu près 90 %. C'est déjà beaucoup pour moi d'arriver à ce stade là et j'en suis très reconnaissant d'abord à Dieu qui m'a donné la force et le courage et ainsi à mes soignants. Je m'adapte également petit-à-petit à mon état physique. Pour le moment j'utilise deux prothèses, une celle qui est provisoire pour la maison car je ne porte pas en permanence la prothèse définitive à cause de l'état encore fragile du moignon. Je porte seulement la prothèse définitive quand je suis dehors et en ce moment pas au-delà de 1 ou 2 heures de marche. J'espère que d'ici quelques temps je pourrais la porter en permanence. Pour la vie de tous les jours je peux dire que je suis tout à fait indépendant sauf de temps en temps j'ai besoin de quelques coup de main pour la douche. Je suis obligé de prendre la douche assis ou sur une chaise car je ne peux pas la faire tout seul debout sans appui. Ma relation avec ma famille est revenue de nouveau comme avant. Avec les enfants rien n'est changé. Je pense que ma fille aînée Rebeka commence petit-à-petit à vraiment comprendre le changement physique que j'ai eu à cause de mon accident. Elle comprend aussi qu'il y a dorénavant quelques activités que je ne peux plus ou pas encore faire avec elle. Le petit Romain est encore petit pour son âge pour bien comprendre ce qui m'arrive. Il sait seulement qu'il faut ne pas toucher au « pied de papa » et il lui arrive d'aller le chercher pour que je puisse le mettre. Pour mon objectif personnel, en ce qui concerne ma capacité physique dans mes activités de tous les jours, je pense que je ne suis pas loin du but. C'est vrai que ça me manque encore de pouvoir faire mon jogging le matin ainsi que de jouer régulièrement au tennis de table mais j'espère que tout cela arrivera bientôt. En ce qui concerne la voiture, je passerai officiellement devant une commission bientôt pour avoir l'autorisation de reconduire la voiture. Mon état actuel ne me gêne pas du tout pour la conduite d'une voiture.

Vivre pour servir
« En effet, aucun de nous ne vit pour soi-même et personne ne meurt pour soi-même. Car, si nous vivons, nous vivons pour le Seigneur ; si nous mourons, nous mourons pour le Seigneur : soit que nous vivions, soit que nous mourions, nous sommes au Seigneur. »

Suite à mon accident je comprends de mieux en mieux la vraie signification de la Seigneurie de Jésus-Christ dans ma vie. Je sais et je suis complètement convaincu là-dessus que si Dieu a épargné ma vie de cet

accident c'est pour que je puisse continuer le ministère qu'Il m'a confié et surtout que je puisse le servir pour le reste de mes jours à vivre. La notion du Seigneur a deux sens dans la Bible :
    a) Maître d'école, enseignant
    b) le propriétaire

Pour le premier sens il y a la relation inséparable entre le Seigneur et disciple en ce sens que le Maître est l'enseignant qui donne l'enseignement, la discipline à suivre pour ses disciples. Dans ce sens l'évangile de Matthieu nous parle de "la suivance de Jésus-Christ" (Mt 8 : 18-22). L'importance de la Bible et l'obéissance à la Parole de Dieu sont les bases de cette "suivance" (Jacques 1 : 22-25).

En ce qui concerne le deuxième sens de la notion du Seigneur, nous avons le couple Seigneur/serviteur (ou esclave). En général nous utilisons le terme « serviteur » pour désigner quelqu'un qui donne sa vie pour le Seigneur. Nous n'avons pas trop l'habitude d'utiliser le vrai sens du mot « serviteur » que la Bible utilise à savoir l'esclave qui appartient à un Maître. Il me semble que ce terme nous choque ou nous met mal à l'aise souvent. Nous préférons utiliser la notion du serviteur pour ne pas trop choquer les gens. Je pense personnellement que ce sens nous aide mieux à bien comprendre la vraie relation que le Seigneur veut établir avec nous. Comme l'évangéliste Matthieu affirme : « *Nul ne peut servir deux seigneurs : ou bien il haïra l'un et aimera l'autre, ou bien il s'attachera à l'un et méprisera l'autre. Vous ne pouvez pas servir Dieu et Mammon (l'Argent ou le Bien)* ». Le service que nous rendons à notre Seigneur est le servir d'un esclave qui appartient à son maître. C'est toujours Matthieu qui affirme que *"le disciple n'est pas au-dessus de son maître, ni un esclave au-dessus de son seigneur"*. Un esclave appartient totalement à son maître et même sa vie lui appartient. De même notre vie en tant que serviteur du Seigneur lui appartient. *Notre* temps, *notre* argent, *notre* intelligence,... appartiennent à notre Seigneur. Le Seigneur Jésus-Christ nous a libéré de l'esclavage du péché, comme la Bible nous affirme que *"celui qui pêche est un esclave du péché"*. L'apôtre Paul confirme aux chrétiens de Corinthe cette nouvelle situation et position qu'ils ont vis-à-vis de leur maître : « *Car l'esclave qui a été appelé par le Seigneur est un homme libéré qui dépend du Seigneur ; de même, l'homme libre qui a été appelé par le Christ est son esclave.* ». Sommes-nous vraiment conscients de cette relation que nous avons avec notre Seigneur ? Notre Seigneur nous demande une entière obéissance. Je sais personnellement que ma vie lui appartient et ma raison de vivre est de le servir. Je sais que je ne suis qu'un étranger sur terre et ma vie sur cette terre n'est que passagère car ma vraie patrie est le ciel et je suis un "citoyen des cieux". Je consacre le reste de ma vie, je pense que j'en ai encore quelques temps d'après l'affirmation biblique (70 ou maximum 80 ans), à servir le Seigneur en annonçant la Bonne Nouvelle de Jésus-Christ. Je puis dire également comme l'apôtre Paul que *"ce n'est plus moi qui vis, mais c'est le Christ qui vit en moi. Car ma vie humaine, actuelle, je la vie dans la foi au Fils de Dieu qui m'a aimé et a donné sa vie pour moi"*. Je voudrais être un "instrument" utile et efficace entre les mains du Seigneur pour la gloire de son nom seul. Tant que je la souffle dans mes narines et que le Seigneur le permet je témoignerais pour Lui et je ferais savoir à tout le monde les bienfaits et toutes les bénédictions qu'il m'a accordées tout au long de ma vie. Que la louange et la gloire Lui soient rendues à jamais

Témoignage de Régine ZARIN

Dusan nous a quitté subitement le 12 février 2002 à 16 heures. Le matin, après une bonne nuit, il s'est levé vers 5 heures, s'est habillé, a préparé ses affaires est revenu dans la chambre et sautillant de joie est venu rapidement m'embrasser en me disant qu'il était heureux car il partait avec son frère (de cœur Nirina) à Paris et que la première chose qu'ils feraient ce serait de visiter la tour Eiffel. Qu'il revenait dans trois jours et qu'ont partiraient à Venise à Pâques mais qu'auparavant on chercherais ensemble une maison pour nous avec un jardin. Il a fermé la porte et moi je me suis endormie sans penser à prier pour son voyage, pour qu'il soit protégé par Dieu comme j'avais l'habitude. C'était trop tôt. J'étais moitié endormie et je n'avais pas encore compris qu'il fallait le faire tout de suite. Je l'ai fait après, mais c'était trop tard.

Il est monté dans sa voiture, rutilante, propre, lavée et nettoyée la veille, astiquée et révisée, et est parti. Il a franchi la barrière automatique du parking et est sorti a tourné à gauche et est arrivé au fond de la rue. Je ne savais pas qu'il franchissait la barrière pour la dernière fois et que c'était la dernière fois que je le voyais vivant. J'ai longtemps pensé que, en préparant sa voiture pour ce voyage depuis la veille, il préparait en quelque sorte son tombeau sans le savoir. Cela m'a fait froid dans le dos, rien qu'à cette pensée.

Il est allé à Balma chercher Nirina; ils sont partis à 6 heures de chez Nirina et ont commencé la route. Ils étaient contents d'être ensemble pour passer trois jours de vacances. Ils sont partis, ont quittés Toulouse en direction de Cahors, Brive où ils ne sont jamais arrivés puisque leur voyage s'est arrêté définitivement à Cahors.

J'étais chez mon fils avec ma cousine, lorsque mon téléphone mobile a sonné : Allo ! Vous êtes Madame Zarin ? Oui - Je suis la surveillante du service de réanimation de l'hôpital de Cahors, votre mari a eu un accident, il faut que vous veniez tout de suite. Je paniqué, je ne savais plus quoi faire, je commençais à faire une crise de nerfs et à pleurer : Ce n'est pas possible... Il était 11 heures et demi... L'infirmière m'a demandé s'il n'y avait pas quelqu'un près de moi... J'ai dit que j'étais avec ma cousine... elle m'a demandé : "passez-moi votre cousine". Elles ont parlé ensemble... Je ne sais pas ce qu'elles ont dit, mais je sais que mon fils, moi-même et ma cousine, nous sommes préparés à partir et j'ai immédiatement téléphoné au fils ainé de mon mari pour lui dire cela et de quitter son travail car j'étais incapable de conduire dans mon état jusqu'à Cahors. Pendant tout le chemin j'ai prié, prié, prié... J'étais très nerveuse et je pleurais... Arrivés devant l'hôpital de Cahors, j'ai sonné aux urgences, et la surveillante était là. Elle nous a accompagnées jusqu'au service de réanimation et le docteur nous a reçus dans une salle... Il allait commencer à nous parler... quand soudain j'ai posé d'une voie blanche, la question suivante : "il en a pour combien de temps ? " Le docteur m'a regardé : "pour cinq minutes". Je lui ai dit d'arrêter ses discours et de me conduire au plus vite auprès de mon mari. Je suis entrée dans la chambre aux vitres larges... Il était impressionnant avec tous ses grands tuyaux et le poumon artificiel qui était à ses côtés et tous les branchements que les médecins lui avaient fait. L'infirmière m'a dit qu'ils avaient essayé de l'opérer, mais qu'il y avait beaucoup trop de dégâts, qu'il était broyé et qu'on ne pouvait rien faire. Il était dans le coma depuis son entrée dans l'ambulance. Je me suis mise près de lui... J'ai complètement paniqué car je voulais lui tenir la main pour ne pas le laisser partir tout seul... mais... il n'y avait plus de mains... Alors je lui ai tenu le haut du bras, il était glacé. Je l'ai embrassé sur le front qui était glacé de même et je lui ai parlé, je lui ai dit les seul mots qu'il voulait entendre, des mots d'amour, en français, en roumain (car l'infirmière et le docteur n'avaient pas quitté la pièce). Je n'ai pas su leur dire que je voulais être seule avec lui... Ils n'ont pas compris de leur côté que c'était mon souhait... J'ai prié pour lui ensuite et je l'ai confié au Seigneur car nous sommes tous les deux chrétiens engagés. Tout d'un coup, au bout d'un quart d'heure, j'ai entendu comme un tocsin l'infirmière dire au médecin : "elle n'a pas compris"... J'étais paniquée et j'ai regardé l'écran qui était plat. J'ai également entendu l'infirmière venir doucement vers moi et me dire : "je ne comprends pas, son cœur devait être très solide, et jeune, car il aurait dû, dans l'état où il était mourir beaucoup plus tôt". Alors j'ai pensé dans mon cœur qu'il ne voulait pas partir sans m'attendre. Il a tenu le coup pour moi. Je suis sûre qu'il m'entendait, car je sais par expérience que le comateux entend lorsqu'on leur parle. Je suis restée encore un peu près de lui et j'ai senti très fort une autre présence dans la chambre. Devant moi, j'ai senti la présence de Jésus qui prenait Dusan dans ses bras et qui l'emportait avec lui vers la vraie vie, la vie éternelle... et je suis sûre maintenant, car j'ai eu plusieurs signes, qu'il fait partie soit de l'orchestre de Dieu, ou autre, mais qu'il voit son Dieu face à face, sans miroir... Car déjà il l'aimait sans l'avoir vu, en espérance. Je suis sortie de la chambre dans un état second, et les larmes aux yeux, je suis allée dire à tout le monde que c'était fini, que s'ils voulaient le voir, ils pouvaient le faire, car ils ont refusé d'y aller avant.

En suite j'ai vu arriver Géraldine avec les siens, et nous sommes allés voir Nirina qui était dans la chambre à côté, il venait d'être opéré et ne savait pas qu'il n'avait plus que la moitié de sa jambe gauche... C'est quand il a demandé comment allait Dusan que je suis partie en pleurant dans sa chambre... Car nous avions convenu avec Géraldine de ne pas le lui dire tout de suite. Un moment très dur aussi a été le moment où l'infirmière est venue me rendre les affaires de Dusan. J'étais dans un état second. Ce n'est que le lendemain que Nirina a su pour Dusan, par le chirurgien, qui a été doucement pour le lui annoncer... Il a crié et beaucoup pleuré... Ils s'aimaient beaucoup.

J'ai reçu récemment une lettre de l'auteur (24 ans, Belge) de l'accident. Il m'a écrit qu'il ne se considérait pas comme un assassin, qu'il avait sa conscience tranquille... mais que je devais plutôt penser à lui car blessé également il ratait une carrière de sportif de haut niveau... Il a ajouté qu'il trouvait que j'étais sévère en lui écrivant que je n'étais pas du tout d'accord avec le verdict du juge, car c'était déjà très dur pour lui. Il a été jugé et puni de 18 mois de prison avec sursis et sans retrait de permis car il est Belge..!!! Il avait quand même cinq ou six chefs d'accusation : homicide involontaire, blessures involontaires graves, mise en danger de la vie d'autrui (en l'occurrence trois personnes en plus de lui-même), franchissement de ligne blanche continue, vitesse bien au-delà de la vitesse permise et j'en passe. Ils étaient partis en non-stop (seulement en se remplaçant toutes les deux heures au volant depuis la Belgique flamande pour l'Espagne) d'où endormissement, fatigue je pense... maintenant je ne sais plus où j'en suis, les enfants non plus, et nous avions fait tant de projets... mon mari venait tout juste d'avoir 44 ans et c'était l'anniversaire de notre mariage.

Oui, je veux morebooks!

i want morebooks!

Buy your books fast and straightforward online - at one of world's fastest growing online book stores! Environmentally sound due to Print-on-Demand technologies.

Buy your books online at
www.get-morebooks.com

Achetez vos livres en ligne, vite et bien, sur l'une des librairies en ligne les plus performantes au monde!
En protégeant nos ressources et notre environnement grâce à l'impression à la demande.

La librairie en ligne pour acheter plus vite
www.morebooks.fr

VDM Verlagsservicegesellschaft mbH
Heinrich-Böcking-Str. 6-8   Telefon: +49 681 3720 174   info@vdm-vsg.de
D - 66121 Saarbrücken   Telefax: +49 681 3720 1749   www.vdm-vsg.de

www.ingramcontent.com/pod-product-compliance
Lightning Source LLC
Chambersburg PA
CBHW020810160426
43192CB00006B/509